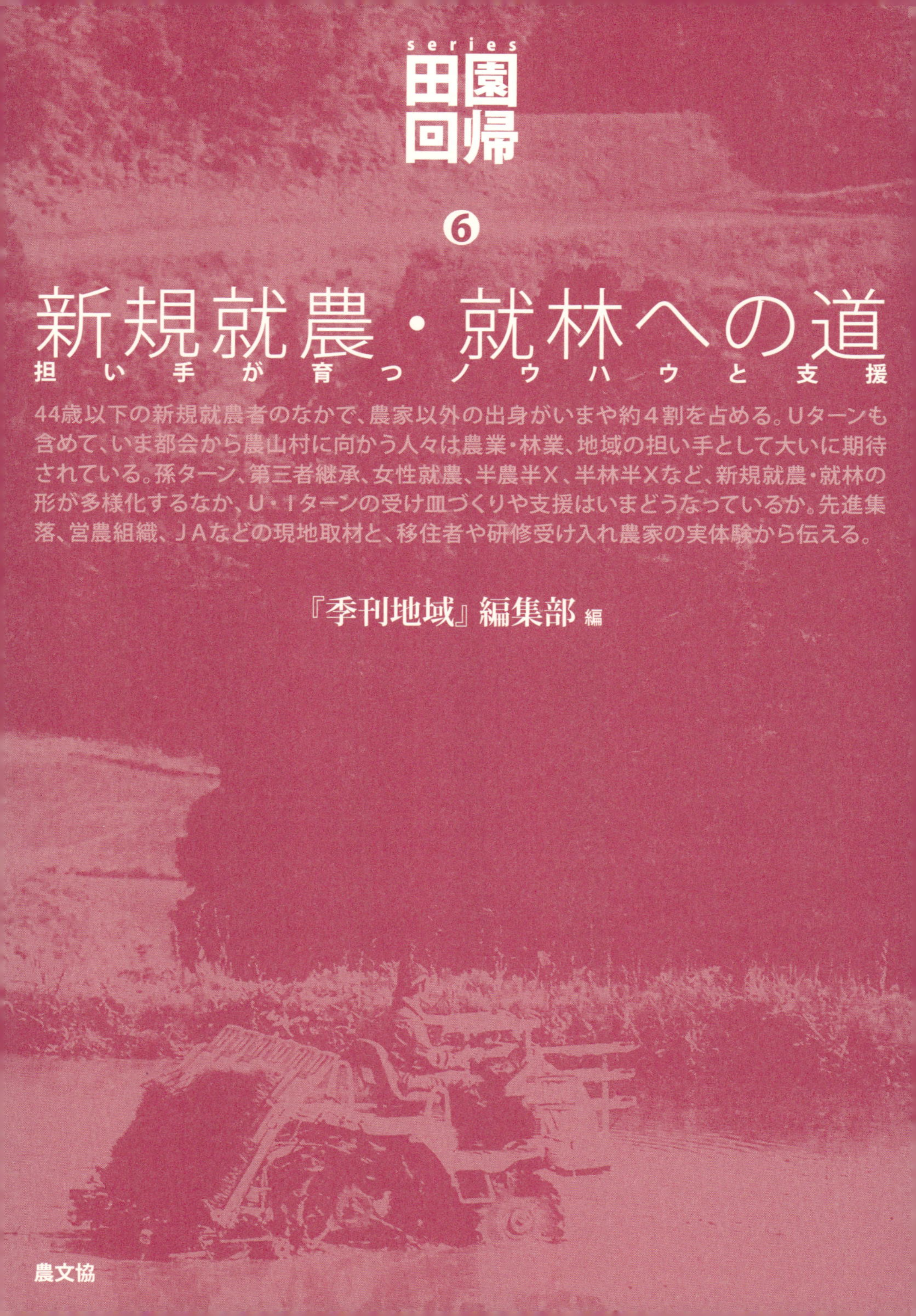

series
田園回帰
⑥

新規就農・就林への道
担い手が育つノウハウと支援

44歳以下の新規就農者のなかで、農家以外の出身がいまや約４割を占める。Uターンも含めて、いま都会から農山村に向かう人々は農業・林業、地域の担い手として大いに期待されている。孫ターン、第三者継承、女性就農、半農半X、半林半Xなど、新規就農・就林の形が多様化するなか、U・Iターンの受け皿づくりや支援はいまどうなっているか。先進集落、営農組織、ＪＡなどの現地取材と、移住者や研修受け入れ農家の実体験から伝える。

『季刊地域』編集部 編

農文協

多様化する新規就農・就林のカタチ

新潟県上越市石谷集落に移住して就農した鳴谷幸彦さん（39歳）の田植機作業を見守る天明伸浩さん（47歳、左）。その天明さんも22年前のIターン者だ

撮影＝倉持正実 16頁

第三者経営継承 京都府舞鶴市西方寺平集落の泉清毅さん(75歳、右)と入澤祐樹さん(22歳)。入澤さんは泉さん宅に研修生として入り、その後、養鶏を引き継いだ

撮影=曽田英介 61頁

女性就農 北海道の新得町立レディースファームスクールは女性就農希望者専門の研修施設。実習生は校内で座学や野菜づくりの実習に取り組み(左)、地域の酪農家などに出かけていって、農作業を担う(右) 172頁

半農半X

島根県はU・Iターン者の農業と副業を組み合わせた定住を支援している。181頁

「半農半蔵人」の金田信治さん（25歳、津和野町、右）。長身の金田さん用に師匠が改良した普通より10cm長い刈払機を使いこなす。町内の酒造会社では、社長の古橋貴正さんのもとで蔵人修業中 184頁

「半農半ミュージシャン」の菊地信司さん（47歳、吉賀町）。ギター片手に東京都内を中心に演奏活動をしていたが、いまは農業と演奏のかたわら、地元の子供たちにギターを教えている 185頁

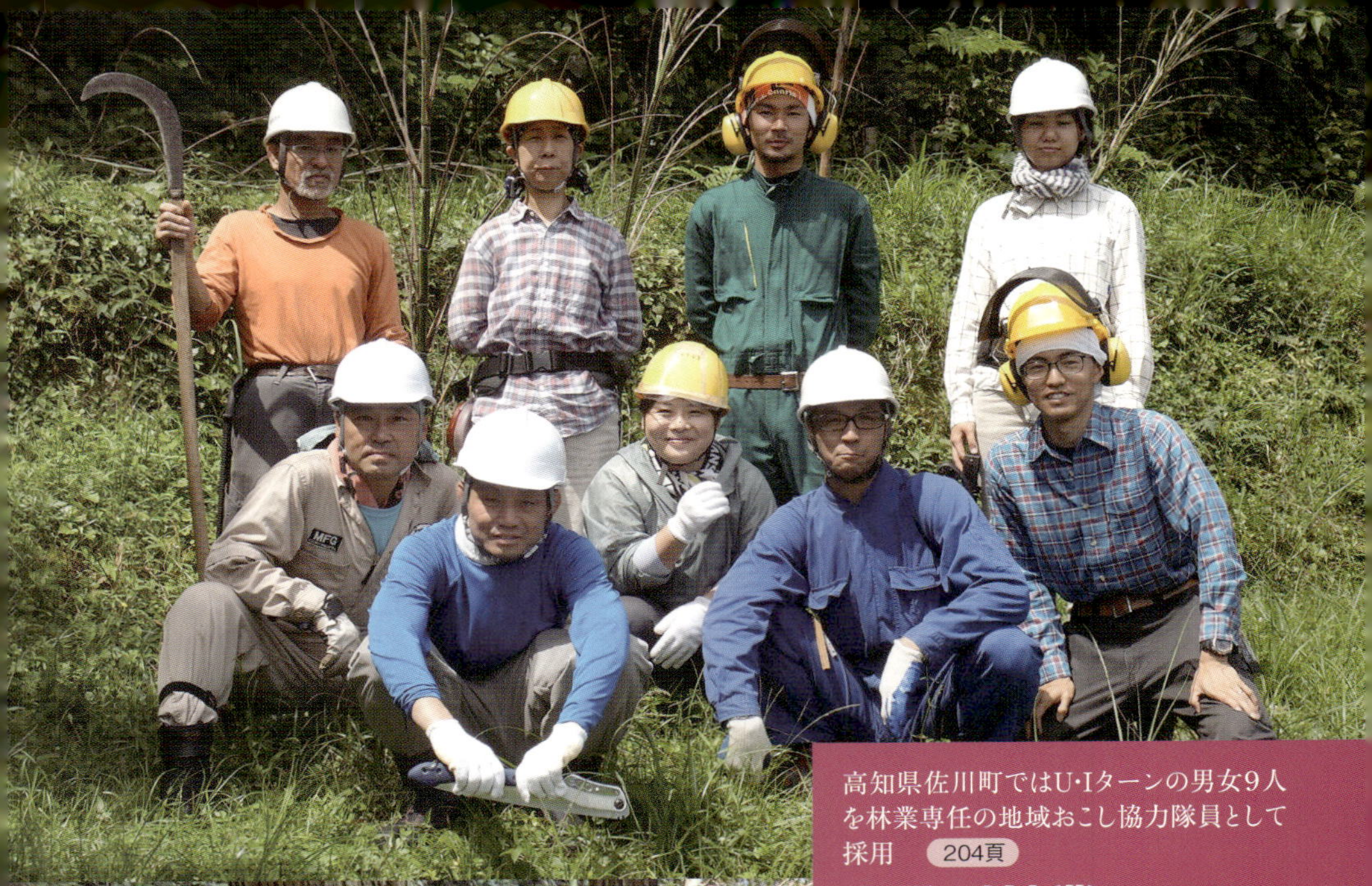

高知県佐川町ではU･Iターンの男女9人を林業専任の地域おこし協力隊員として採用 204頁

自伐型林業

東京から高知県四万十市に移住してきた谷吉梢さん（27歳）はカヌーのインストラクターと自伐型林業の「複業」 201頁

鳥取県智頭町にUターンした大谷訓大さん（34歳）は祖父から引き継いだ40haの山で施業を開始 189頁

はじめに

ここ数年の全国の新規就農者は5万人から6万5000人ほど。若手新規就農者で伸びているのは、農家以外からの「新規参入者」や農業法人などへの「新規雇用労働者」（大半が農外出身）で、両者が占める割合は39歳以下の青年層では5割を超えたという。[*1]

こうした傾向は本シリーズが明らかにしてきた若い世代の田園回帰志向とおおいに関連があるはずだ。とりわけ子育て世代を中心とした「田舎の田舎」への移住の動き[*2]や都会の「20代単身男性」と「30代・40代ファミリー層男女」の農山漁村への定住願望の高まり[*3]に注目しておきたい。

地域農業の存続にとって、Uターンを含めて、こうした地域外からくる人材をどう育てるかがさしせまった課題となってきた。と同時に、U・Iターン者を農山村に定住・定着させるうえでも、そこでの主要な仕事である農業や林業で受け皿をどうつくり、人材を育成していくかが問われている。一人前の農業者を育てることと地域の後継者を育てることは二つでひとつである。いま、それが一人ひとりの農家、一つひとつの集落の大きな課題であるということだ。

新規就農の形は多様化している。時代時代に新規入植者を受け入れることで切り拓かれてきた北海道はもちろんのこと、それ以外の府県でも農業の第三者経営継承がさほどめずらしくなくなってきた。女性が単独や共同経営で農業を始める動きもある。もちろん集落営農組織など農業を事業とする法人に就職する道もあるし、それを足がかりに独立を目指す人も多い。

また、こうした都会から農村に向かう若者のなかには、「農的暮らし」にあこがれていても、「農業」だけで生計を立てようとは思っていない人も多い。農業とさまざまな副業を組み合わせた「半農半X」こそ彼らの理想なのだ。島根県の「半農半X支援事業」は、農業振興と定住促進の目的を併せて、ユニークな人材を発掘し、支援する先進的な事業といえる。

一方、林業の分野では、Uターンした孫が祖父母の「持ち山」で施業を始めたり、山をもたないU・Iターン者が山主に代わって山林経営を行なう「自伐型林業《じばつがたりんぎょう》」が最近脚光を浴びている。こうした林業は、経営規模は小さくても、観光や自然体験のインストラクターなど多様な副業と結びつくことで、定住の可能性を広げる効果を上げている。

こうした多様な形で、農林業の後継者＝地域の後継者を育てる新しい試みが各地で広がっており、そこにノウハウも蓄積されているのである。

本書では、こうした農家や集落営農組織、JAなどの新規就農支援の先進的な取り組みを編集部が取材するとともに、新規就農者や研修生を受け入れている多くの農家や農業団体の方々に執筆していただいた。研修生受け入れ農家ご自身もU・Iターンした方が多く、実体験からのアドバイスは大変貴重なものといえる。また専門の研究者やNPOの方々には、全国的な動向やそこでみえてきた課題を「コラム」のなかで分析していただいた。

本書が田舎暮らしや新規就農・就林を志す方々、それを支援する農家・林家、自治体や諸団体の方々の一助となれば幸いです。

２０１６年11月　　農山漁村文化協会『季刊地域』編集部

＊1　本書の江川章氏のコラム24頁参照。
＊2　本シリーズ第1巻藤山浩著『田園回帰1％戦略』第2章「田園回帰が始まった――島根からの報告」
＊3　本シリーズ第3巻小田切徳美・筒井一伸編著『田園回帰の過去・現在・未来』序「田園回帰の概況と論点――何を問題とするか」

series 田園回帰 6
新規就農・就林への道――担い手が育つノウハウと支援

目次

第4章 JAの部会員になる

第5章 女性就農・半農半Xを志す

第0章

イントロダクション
——新規就農を志すあなたへ

いま新しく農業に従事しようとする人は親元就農の人も含めて、農業経験があまりない方が多い。そういう方が農業を仕事にするにあたって、まず最初に心がけるべきことは、先輩農家の言葉に虚心に耳を傾けることではないだろうか。

特に長年、作物やその土地の自然に向かい合ってきたむらのお年寄りたちはすごい知恵をもっている。それに学ぶことはむら人になる近道だし、何より楽しい。

この章では、新規就農者に身につけてほしい「心がまえ」について考える。

新規就農者への厳しくも愛あふれるアドバイス集

研修生を受け入れてきた全国の農家、先輩Iターン者から、体験をふまえての金言をいただきました。

（構成・まとめ／編集部）

農地は信頼で借りろ

まじめに田んぼを見まわる姿をむらの人にみせる

新潟県上越市　天明《てんみょう》伸浩さん（47歳）

農地や家に空きがなく、なかなか貸してもらえないという話も聞きます。けれども、まじめに暮らしている姿をむらの人にみてもらったり、自分のやりたいことを伝えることで農地は出てきます。住宅も、農地と同じようにむらの人に気に入ってもらうことが必要です。都会での貸借とは違い、改修などは借りる側の責任であることを研修生にはあらかじめ伝えます。古民家だと管理が必要です。

機械・設備は、ある程度は私が貸したりもします。しかし中古でもいいから徐々に自分の機械を増やすようにしたほうがよいとアドバイスします。家や機械をもつことで、地域の人は定住の目安にするからです。

借金はあまりしないことをすすめます。自分が勝負をかけるときは別として、冷静な判断が求められます。その人の能力によりますね。

販路は就農前から準備するように伝えます。研修中から販売はスタートしてもらいます。自分で売ることで、苦労もわかります。

地域で暮らしていくためには、地域にうまくなじむことが必要です。とはいえ、地域の人とまったく同じになってしまっては、移り住んだ意味がないところもあります。肩肘を張らず、地域に溶け込みながらも持ち味を出して、したたかに暮らしてもらいたいと思っています。

ハウスは外もきれいにせよ

福島県南会津町　酒井喜憲さん（70歳）

トマトの出来は、技術だけじゃなくて、もとの田んぼのよしあしが影響する。ここはトマト産地といえども、水が使えて排水もいい田んぼは、集落で1割もない。それでも面倒見のいい先輩農家は、立地のいい農地をもつ農家に「若い連中ががんばってるから」と頼みこんで、新規就農者に使わせている。新規就農者は、自分にあてがわれている田んぼはそういう場所だってことを、まずわからないと。

だから貸してくれた農家から「あんなやつに貸さなければよかった」と思われないように、ハウスの内側だけじゃなく、外側の管理も必要。ハウス周りが草だらけだと近くの田んぼにいろんな害虫が出て、地主にクレームがいく。草刈りは当然、資材のゴミもごちゃごちゃに置かずきちんとしておくこと。とにかくトマトなんかへたでもいいから、地域に迷惑かけちゃいけない、それが一番大事。

土地利用型でも、農地を買うのは10年後でいい

北海道雨竜町・共栄ファーム　佐々木芳雄さん（63歳）

独立するとすぐに農地を買わなければいけないかというとそうではない。就農したてで自己資金が少ないなら、10年ほど借りながら資金を貯めていけばいいのです。土地利用型農業[*1]だとなおさら、一気に広大な農地を買うのは難しい。そこで10年間は農業公社[*2]の「農地保有合理化事業」[*3]を利用して農地を借り、その後に購入すれば、負担が少なくなります。

たとえば15ha（公社買入価格4500万円）の農地を取得したい場合……

・最初の10年間は借りる。貸付料は10年間で1237万5000円（公社買入価格の2・75％×10年）。そのうち900万円（2％×10年）は10年後に北海道農業公社から助成が出る。残り337万5000円（0・75％×10年）も雨竜町では町の助成が出るので支出はゼロになる。

・10年後に購入。こんどはスーパーL資金[*4]を利用。ただし3150万円（もとの地代の70％）までしか使えないので、当座、1350万円（30％）が必要。借りている10年の間に、1125000円（1350万円－1237万5000円）をつくればよい。

カネをかけずに自分でやれ

百姓たるもの、何でも自分で直すべし

京都府舞鶴市　泉　清毅さん（75歳）

研修生に移譲する予定の鶏舎2棟を、その前に1年かけて研修生と一緒に改修した。業者に依頼したら高額だが、外まわりの金網とカーテンを張り替えて資材費のみの70万円くらいですんだ。ひととおりやったからこんど何か傷んでも自分で直せるはずや。

研修中は、細かいアホみたいなことでも一緒にやって教えた。トラクタの掃除や一輪車のパンク修

＊1
米、ムギ、ダイズなど、比較的広い面積を利用する農業のこと。

＊2
47都道府県に設置され、「農地保有合理化法人」として、農業経営基盤強化促進法の規定に基づき、農地保有合理化事業を行なう団体。

＊3
「農地保有合理化法人」が離農農家や規模縮小農家などから農地を買い入れまたは借り入れ、規模拡大によって経営の安定を図ろうとする農業者に対して、農地を効率的に利用できるように調整したうえで、農地の売り渡しまたは貸し付けを行なう事業。

＊4
日本政策金融公庫（旧農林漁業金融公庫）が認定農業者に対して経営改善計画の達成のために必要な資金を超低金利で融資するもの。詳しくは224頁。

理、水道の水漏れ……丁寧に使わなあかんよと。こわれたらポイやなしに何でも修理したら使えるんやと。そうしたら余計な金を使わんですむと、そういうことを教えたかった。あとは本人のやる気次第やな。

ハウスは自分たちで建てられるようにする

京都府舞鶴市　添田　潤さん（38歳）

ハウスの建設は業者にまかせると高くつく。そこでU・Iターン仲間、約20人で「若い衆でやろかい」という互助会を結成。ハウス建設をJAや資材業者などから受託しています。昨年は33件。自分で建てられるようになるし、冬場の稼ぎにもなって一石二鳥。学びと賃金を両立できている。自分たちで技術を習得したおかげで、自分のハウスがこわれても修繕したり、もっといい素材を探すなどの工夫ができるようになる。

農地も空いた場所が出たら、互助会で借りられるところは全部借りて、好条件のところを新規就農者に紹介できるようにしている。いままでに2haくらいかな。機械もユンボ[*5]2台、自動巻き取り動噴[*6]2台、豆脱穀機を会でもっていて、若い仲間に貸し出している。

MHK＝もらう、拾う、借りるでやれ

石川県野々市市・株式会社林農産　林　浩陽さん（56歳）

私のところに来た新規就農者で失敗するパターンは、高額の機械や農地を買ってしまうこと。大型トラクタとかフォークリフトなんかをそろえて操縦したがる人、多いんだよな。行政の補助金は、規模拡大して大型化するのが要件になっていることが多いし。もっとちゃんと探せば中古でもいいのがあったりする。「MHK」（もらう、拾う、借りる）で、いくらでもやりようがあるのだ。まだまだ経

＊5　建設機械である油圧シャベルの通称。

＊6　ホースをレバー操作だけで巻き取る機能がついた動力噴霧器のこと。農薬散布などに使用。

営が軌道に乗らないのに固定資産への初期投資は慎むべし！

それからよく言うのが「笑顔とお辞儀はタダ」。地域での活動は、新参者には厳しいものです。そんなときに難しい顔していて誰が支援してくれますか？　笑顔とお辞儀は、その気になれば簡単にできるし、しかも効果は絶大です。

最初は無料で貸す。ただしいろいろ手伝ってもらう

長野県安曇野市　鈴木達也さん（50歳）

研修生は有機農業を目指す人が多いので、独立するときは私が有機栽培で使ってきた農地を一部、引き継いでもらっています。有機栽培歴がある農地だから有機認証がすぐにとれて、はじめから有機野菜として販売できますから。その際、たとえば稲作の場合なら、田植え機とコンバインも最初は無料で貸し出します。その代わり農地全体を耕作してもらったり、整備作業をしてもらったり。ちゃんと稼げるようになったら、使用料をもらうことにしています。

これだけは伝えておきたい

雨が降ったらカッパ着ろ。農繁期に休みはない

宮崎県高原町・農事組合法人はなどう　黒木親幸さん（69歳）

研修に来る若者は高校、大学を卒業したばかり。礼儀作法、服装などの指導から必要になる。雨が降るなか、傘をさしながら作業しようとするので、「それでは作業ができんからカッパを着ろ」と言わなくてはならない。農繁期で忙しい時期に、当たり前のように日曜日に休みをとろうとする人もい

る。最初はこういうことを理解してもらうのがなかなか難しい。でもこの基本的なしつけを身につけると、だんだん周りの農家にも認めてもらえる。組合のオペレーターや地域の生産者とも積極的に対話できるように指導します。

農家の勘を体得せよ

埼玉県川越市　飯野芳彦さん(39歳)

うちでは研修生を最低5年間、従業員として給与を払って雇う。畑に行って自分で作業を判断したり、パートさんに指示を出したり、地域の仕事にかかわる、といったキャリアを積んで、農家の勘を養ってもらう。ただし私のところで学ぶ農業は基礎中の基礎。その後、自分で就農したい地域や作物の農家につき、適地適作を学ぶといい。「郷に入っては郷に従え」に尽きる。

私は農家の生まれで、代々受け継がれた農地も、地域人としての信用もある。だから20代から面積を増やしたり、融資がすんなり受けられて設備投資もできた。子供のときから親をみているから作物をみる目も養われた。しかし非農家出身だと、技術も農地も信用もゼロからのスタート。大きなギャップがあると思う。研修が5年というのはそこを埋める期間のつもり。彼らが独立就農し、機械や設備の融資を受けたいとき、地域の人から農地を借りたいとき、この5年間の修業が大きな担保になるだろう。

栽培技術を磨け

千葉県山武市・農事組合法人さんぶ野菜ネットワーク　下山久信さん(71歳)

技術を身につけなくては、独立後いくら助成金をもらったとしても収量が上がらず、やっていくのは無理。地域にも定着できない。栽培は自己流ではなくて先生(受け入れ農家)によく聞いて生産すること。研修は2年間だが、特に最近は気候変動が激しいので、人脈をつくって篤農家を足しげく訪ね、栽培技術の向上に努力すること。一生懸命やれば周りが評価してくれる。

地域との関係も大事。消防団や共同活動（農道の草刈り、川ざらい）などには必ず参加。鳥獣害対策の取り組みに積極的にかかわること。周りの人はよくみている。

なお、借りる農地は耕作放棄地・遊休農地であることが多く、地力がほとんどないので、土づくりが必要だ。土づくり・輪作体系は農産物生産の基本である。

一生懸命やりなさい
北海道新得町　平　和男さん（51歳）

「一生懸命やりなさい」。もうその言葉に尽きる。

いいカゲンにやるな、テキトーにするな、手を抜くな、雑にするな、案外周りの人はみているぞ。「そんなの関係ない、私たちは私たちよ」なんて思うな、それじゃボス猿農家になっちゃうぞ。ひとりよがりな農家からはひとりよがりな野菜しかとれないものだ。70点で満足するな、研究しろ。誰よりも早起きしろ。そして畑と作物をよ～く観察するんだ。

そしたら「危なっかしいがけっこうがんばってるぞ、だったらあの子たちに頼んでみるべや、協力してもらうべや」と周りの農家との信頼関係は構築されていくんだ。お互いを磨き高めあう関係も、農業者同士では大切だ。

新規就農者より

農業技術も暮らし方も教えてくれた僕のむらの素敵な師匠たち

鴫谷幸彦（新潟県上越市・たましぎ農園）

しぎたに・さちひこ

1977年、千葉県生まれ。青年海外協力隊としてウガンダで活動。東京都内の出版社勤務ののち、2012年上越市吉川区川谷地区石谷集落に移住。2014年より、妻の玉実さん（写真左）と「たましぎ農園」経営。イネ1haのほか、ソバ、ダイズ、野菜などを50a。玉実さんが代表を務める地域の加工所「川谷生産組合」で味噌、漬物の製造に携わる。

新潟県上越市川谷地区

千葉県で生まれ育った僕が、積雪3mにおよぶ新潟県上越市の山間のむら・石谷集落に移住したのは3年半前のこと。それまで東京でサラリーマンをしていた僕が、いまこうして一丁前面して農業ができるのは、先輩移住者と、日々農業や暮らしの技術を教えてくれるむらの父ちゃん母ちゃんのおかげにほかなりません。

そう、僕は、むら中に師匠をもつ新規就農者。とっても恵まれた弟子なのです。

先輩移住者・天明さんの目論見

お隣の集落に住んでいるのが先輩移住者の天明《てんみょう》伸浩さん（47歳）。天明さんは、20年前に東京から移住し農業をしています。僕は彼のもとで2年間の研修を受け、2014年春に独立。農家として2回目のイネ刈りを無事終えることができました。

天明さんの研修方法は実にシンプル。約1haの田んぼ（山の棚田13枚）を、「自分で最初から最後までやってごらん」と丸投げしてしまうというものでした。責任重大ではありましたが、一生懸命やりました。借りたトラクタをこわしたこともあったし、ろくな米にならなかった場所もあります。でも、自分で経験した失敗ほど身につくものはなく、機械の運転も、頭で考えるより体が覚えるまでになりました。

しかし実は、天明さんのねらいは別のところにありました。まかされた田んぼは、僕が住む石谷集落側の一角。そこを「むらの人と同じように、朝夕欠かさず見まわりするように」命じられました。研修が終われば石谷で就農する予定でしたから、むらの人と同じ動きを覚えることと、むらの人からよくみえる田んぼで

先輩移住者の天明伸浩さん（後方）の山の棚田1haで、田んぼの全作業を経験させてもらった。乗用田植機を運転する鴨谷幸彦さん
撮影：依田賢吾

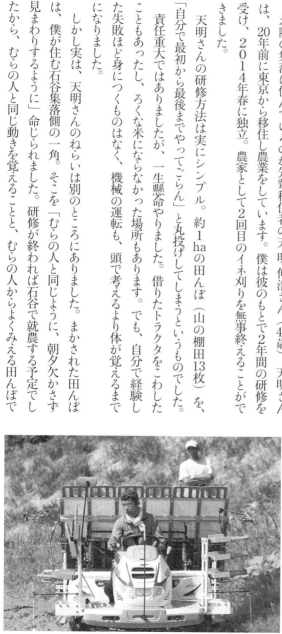

「本気で就農する意志」をみてもらうこと、そこが一番のねらいだったようです。朝夕に田んぼですれ違った人に「早いねー」「がんばってるねー」と声をかけられることがうれしくなり、田んぼの見まわりが楽しくなりました。

結局、2年間まかされたその田んぼのうち一部をのれん分けしてもらう形で就農しました。癖の多い山の田んぼですから、つくりなれた田んぼで独立できることはありがたいことでした。そしてこの秘策のおかげで、1年目から石谷の田んぼを貸してくれる方も現れました。

畑と加工の師匠・曽根タツ子さん

十全ナス、1株100個どりの技

「おら、畑で死にたい」と、笑顔で言い切るのは曽根タツ子さん（67歳）。野菜つくりが大好きで、道の駅の直売所に次々と野菜を出荷しています。タツ子さんには、同じ区画の畑を借りた縁で、野菜つくりを教えてもらうようになりました。また、地域の農産加工所で一緒に働いていて、味噌や漬物のつくり方も教わっています。

十全ナス[*7]は新潟県民が大好きな漬物用品種。加工所では浅漬けや粕漬けになります。僕もその十全ナスの栽培に昨年から挑戦しています。1年目のナス栽培は実にお粗末なもの。1株から平均20個しかとれませんでした。

見かねたタツ子さんのアドバイスは「ウネは大きく」「定植は浅くていいが、根の周りの土に隙間をつくらないこと」「整枝は早めに」「ボカシ肥は通路にも入れて、頃合いをみて通路を耕して効かせること」……などなど。

2年目のナス栽培は妻の担当になりました。タツ子さんのアドバイスどおり改善してみたところ、初期から樹に勢いが出ました。極めつきは実が成りだしてからの追肥に、稲作用の「穂肥配合」がい

＊7
昭和の初めに、新潟県中蒲原の十全村（現・五泉市）で栽培されたナスが始まりとされる巾着型のナス。

いとのアドバイス。使ってみると次々と実をつけ、最終的には1株から60個以上！　穂肥配合は効き目が早く、栄養生長と生殖生長のバランスをうまくとって、樹を疲れさせないようでした。

我が家の「生産革命」にいい気になってしまいましたが、タツ子さんのナス畑に入ってみるとどの株も枝葉が立ち上がり、つやつやのナスが鈴なり！　1株から100個以上もとれたというのですから恐れ入ります。

農業のおもしろいところは先輩農家の圧倒的な実力。気まぐれな自然相手に経験を積み重ねたからこそ身についたものだと思います。妻も「もっと上手になりたい」と意気込んでいます。

こうじを扱う手つきを会得

地域の加工所では、味噌の原料の「こうじ」の手入れをまかされるようになりました。しかし僕が手入れしたこうじは、どうも菌糸が均一でないし、ふわっとしていません。うーん……。

そこでタツ子さんに、あらためて一緒にやってもらったところ、僕のやり方とのある違いを発見しました。こうじを混ぜる手つきが優しく、こうじの山に毛布をかけるときなんかは、まるで子供に布団をかけるように優しく「ぽんぽん」とやるのです。

「優しい手つき」を意識するようになってこうじが変わりました。こうじだって生き物。僕の荒っぽい手つきや接し方にへそを曲げていたのかもしれません。

曽根タツ子さん（右）は加工の師匠でもある。地域の農産加工所では、味噌用こうじの「手入れ」をまかされるようになった

撮影：依田賢吾

観察眼に驚かされてばかり・曽根敏子さん

ゴマ虫は益虫だった!?

我が家のすぐ裏手に住んでいる曽根敏子さん（74歳）。敏子さんの作物をみる日には、毎度驚かされます。

ある日、ゴマの樹についた大きなイモムシをつまんで駆除していると、敏子さんが来て「おら、その虫とらんで」。なんと敏子さん、このゴマ虫にゴマの葉を全部食べてもらえば、収穫したゴマに枯れ葉が混じらないから、ゴミ取り不要でラクできるというのです。観察してみると、確かに葉は食べても実は食べません。それからは「ゴマ虫早く来ーい」と、一転歓迎ムードになりました。

さらに「アスパラ畑のスギナはとらんほうがいい」とのご託宣も。モサモサのスギナがあると、春に新芽を食害する害虫がアスパラを見つけられなくて被害が少ないというのです。こちらはまだ試していませんが、敏子さんの着眼点はいつも愉快です。

露地プール苗の力も見抜く

敏子さんの観察眼は作物だけじゃなく、僕が取り組む新しいことにも注がれています。農家1年目の年、育苗ハウスをもたない僕が試したのは「露地プール育苗[*8]」でした。寒い石谷で果たしてうまくいくか、苗の生長を見守りましたが、田植え予定日になってもちんちくりん。「寒さにあたっていじけた」と、むらの父ちゃん方は言いました。そして「もうこれ以上は伸びないから」と、余った苗を

「ゴマ虫」こと、クロメンガタスズメ（スズメガ科）の幼虫。体長は大きいもので15cmほど

曽根敏子さん（左）にダイズの縛り方を教わる妻玉実さん

分けてくれました。

ところが敏子さんだけは「こりゃ、ただの日数不足だで」と言うので、一部捨てずにそのまま育苗を続けました。すると、やがてぐんぐんと伸び、しっかりとした苗に生長したのです。「いい苗になったねー」と敏子さんにほめられたときはうれしかったです。だけど、信じられず捨ててしまった苗のことを思い、申しわけなく切ない気持ちにもなりました。まずは作物をよく観察して、信じてあげること。大切なことを学びました。

*8
木枠とハウスの古ビニールなどで水を溜められるプールをつくり、その中で育苗する技術。おおかたの苗が1・5葉になったら水を入れ、以降、水を溜めっぱなしにする。無農薬で育苗する人には必須の技術となっている。

農の仕事は工夫が楽しい・山賀源市さん

大雨でも平気、沢から水を引く方法

84歳で現役バリバリの百姓・山賀源市さんと一緒に仕事をすると発見が多く、楽しくて仕方ありません。いまのように便利な機械がない時代から、工夫して農業をしてきた彼の手業や身のこなし、道具の使い方は、どれもこれも痛快です。

用水のかからない田んぼには、ホースを使い沢から上手に水を引いてくる必要があります。原理はサイフォンですが、細かいところにコツが要ります。新たに源市さんから借りることになった田んぼで、水の引き方を教えてもらったときは「へーっ」の連続でした。

源市さんは、沢の水に突っ込んだホースが大雨などで流されてしまわないように、ヒモをうまく使います。石や杭でガチガチに固定するのではなく、しなやかな木の枝を選び3ヵ所くらいからヒモで吊るようにします。こうすると、増水してもホースはぷかぷか浮くだけで流されることはありません。ホースにヒモを結びつけるときは、1本のヒモを3点で縛ると滑り抜けることがありません。また、

山賀源市さんと妻のヨシエさん

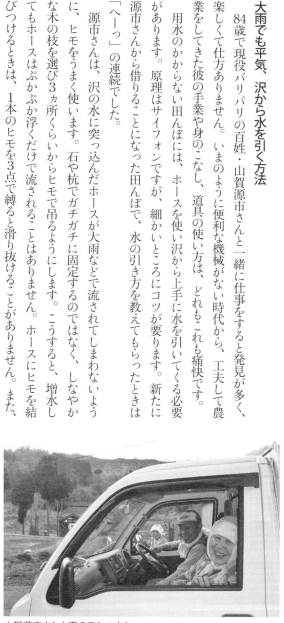

源市さんに教わった沢水の引き方

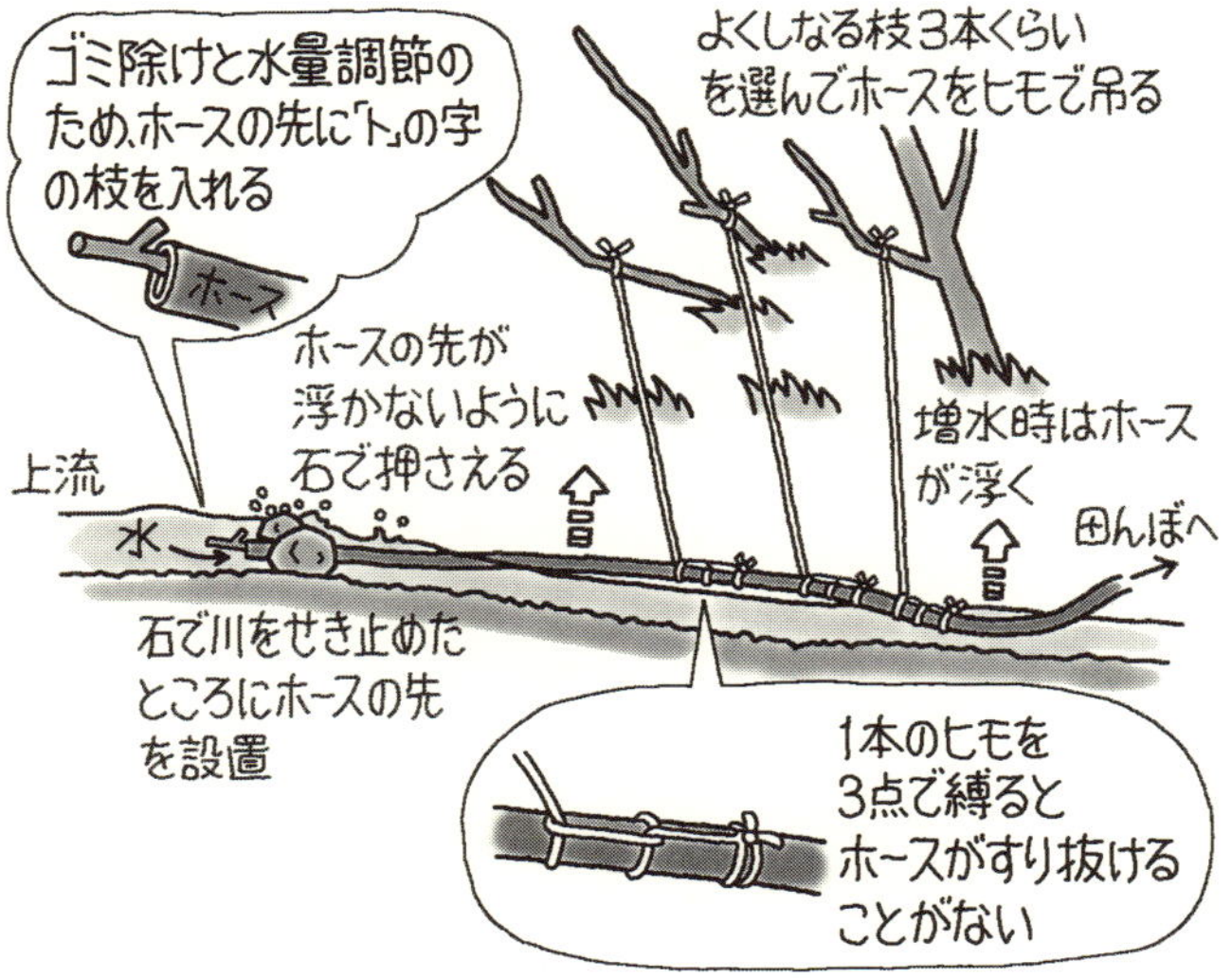

水を取り込むホースの口には、ゴミが詰まらないよう、「ト」の字型の木の枝を突っ込んでおきます。木の枝の太さを変えれば水量も変えることができます。

これらのちょっとした工夫は、聞いてしまうと当たり前のようにも思えますが、そこに気がつくには、やはり経験と観察力。そしておもしろい仕事を考え出す創造力が必要なのだと思います。だって源市さん、いつだってマイペースで楽しそう。それでいて着実に仕事を進めていくのですから。

こんどは、夏の間に農機具などを入れておく屋根のかけ方を教えてもらう約束をしました。昨シーズン、ハウスのパイプでつくった屋根は雨水が溜まり折れてしまい、ブルーシートをヒモで張っただけのタープ[*9]は風で見事に吹っ飛びました。源市さんは、角材と竹、ブルーシートを上手に使います。教えてもらうのがいまから楽しみです。

*9 屋根だけで日差し・雨を防ぐための広い布。

このむらで暮らしていく

僕が就農するにあたり、天明さんがくれたアドバイスは「借金をしないこと」「怪我をしないこと」でした。大切なことは暮らし続けること。そのためには、無理な資金繰りや仕事をするなということです。

手持ちの資金にはかぎりがあったので、機械は天明さんや石谷集落のいろんな人から貸してもらったり、譲ってもらったりしてスタートしました。そのことで、むらの人たちと一緒に仕事をする機会に恵まれ、たくさんの大切な知恵と技を授かる毎日です。

一緒に仕事をするようになって感じるのは、このむらに、いまの暮らしや農業に後ろ向きの人はいないということ。誰もがこの土地が好きで、仕事に誇りをもっています。そして作物を大事にします。米1粒たりとも無駄にすまいと、落ち穂を拾い、丁寧に仕事をします。この土地で、何十年も自然と向き合い暮らしてきた彼らの体に染みついた技術と姿勢に、僕と妻の心は打たれっぱなしです。

このむらの暮らしを引き継げる人間になるべく、僕たちが教わらなければならないことはたくさんあります。むら中の師匠たちと大切な時間を過ごし、暮らしを築いていこうと思います。

コラム 幅広い新規就農の形を実現する多様で柔軟な支援を

――全国の動きをふまえて

中央大学准教授 江川 章

増加する外部人材の新規就農者

近年、新規就農に対する期待や注目が集まっている。その契機となったのは、2000年代後半以降のリーマンショックや東日本大震災といった経済・社会環境の変化である。この情勢変化は職業や復興という観点から農業・農村を再評価する機運を高めるとともに、農の雇用事業や青年就農給付金[*10]といった担い手関連対策の呼び水となった。

こうした状況のなか、新規就農者の動向に変化が起きている。農家子弟の新規就農者が減少するなかで、農外（農業以外の分野）から就農する者が増加し、その比重が高まっているのである。左の表で新規就農者の動向をみると、農家子弟の新規自営農業就農者（新規学卒就農者と離職就農者）は直近では増加しているものの、2006〜2010年の5年間の累計と比較すると、2011〜2015年では2割減となっている。

それに対して、新規雇用就農者（新たに農業法人等に雇われる7ヵ月以上の常雇）は5年累計の比較で1割増加し、新規参入者（土地等を取得して新たに農業経営を開始する者であり、企業参入は含まない）は6割もの増加をみせている。さらに39歳以下の青年層に限定してみると、新規雇用就農者と新規参入者とを合わせた割合は上昇傾向にあり、2015年には初めて5割を超えた。いずれのタイプも農外からの就農者が多数を占めることから、新規就農者では青年層を中心に外部人材の存在感が増していることがわかる。冒頭で示した経済・雇用情勢の変化は、主として外部人材が新規就農することに影響を及ぼしているといえるだろう。

＊10 就農前の研修期間（2年以内）および経営が不安定な就農直後（5年以内）の所得を確保するための給付金。最大7年間、年間150万円が支給される。詳しくは222頁参照。

新規就農者の動向

（単位：千人,%）

	2006年	07	08	09	10	11	12	13	14	15	06～10年合計(A)	11～15年合計(B)	増減率(B/A)
新規自営農業就農者	72.3	64.4	49.6	57.4	44.8	47.1	45.0	40.4	46.3	51.0	288.6	229.8	▲20.4
新規学卒就農者 ①	2.5	2.3	1.9	1.8	1.6	1.4	1.3	1.6	1.8	1.7	10.0	7.9	▲21.7
離職就農者	69.9	62.2	47.7	55.6	43.2	45.7	43.7	38.7	44.5	49.4	278.6	222.0	▲20.3
39歳以下 ②	7.9	7.4	6.4	7.6	6.1	6.2	6.8	5.8	6.9	6.2	35.3	31.9	▲9.6
40～59歳	24.4	20.1	14.6	15.8	10.9	9.6	8.7	7.6	12.4	12.8	85.8	51.2	▲40.4
60歳以上	37.6	34.7	26.7	32.3	26.2	29.9	28.1	25.4	25.2	30.3	157.5	139.0	▲11.8
新規雇用就農者	6.5	7.3	8.4	7.6	8.0	8.9	8.5	7.5	7.7	10.4	37.8	43.0	13.8
39歳以下 ③	3.7	4.1	5.5	5.1	4.9	5.9	5.3	4.5	4.6	6.4	23.4	26.8	14.6
新規参入者	2.2	1.8	2.0	1.9	1.7	2.1	3.0	2.9	3.7	3.6	9.5	15.2	60.9
39歳以下 ④	0.7	0.6	0.6	0.6	0.6	0.8	1.5	1.5	2.0	1.8	3.1	7.6	143.5
39歳以下の新規就農者に占める外部人材等の割合 (③＋④)／(①＋②＋③＋④)	30.0	32.8	42.3	38.0	41.7	46.8	45.7	44.6	43.1	51.0	―	―	―

＊資料：農林水産省「新規就農者調査」
＊注　10人台の数値の四捨五入の関係で、合計数は各年の数値をそのまま足したものとは一致しない。

必要な新規参入ルートの整備

新規就農における外部人材のうち、新規参入者は農業・農村に基盤がなく、その就農は農家子弟よりも困難な状況にあるため、多くの支援措置を必要とする。こうした就農と支援という枠組みは、新規参入者において強く求められることから、新規参入者のあり方を検討することは外部人材の新規雇用就農者だけでなく、農家子弟の新規自営農業就農者を考察することにも応用可能である。

そこで、新規参入者に着目して論点を整理すると、第一に、新規参入をプロセスで把握することが挙げられる。前掲の表で示したデータは参入の一時点をみたものであり、全体のプロセスを示したものではない。参入前から参入時、そして参入後の段階に応じた新規参入者のあり方を考察しなければならない。第二に、新規参入者は農業への参入だけでなく、地域への参入も図っていることである。農業参入では、農地や資金の確保、営農技術の習得によって新しく農業者になり、地域参入では住宅確保や地域的信頼の獲得によって地域住民となる局面がある。第三に、農業・農村に対する外部人材のニーズが広がっていることを背景に、現在では直線的に新規参入を図るルート以外にも、ワーキングホリデーや滞在型市民農園を通じた参入など、多様な参入ルートができていることが挙げられる。

　こうした段階的な新規参入のプロ

新規参入の内容と段階性

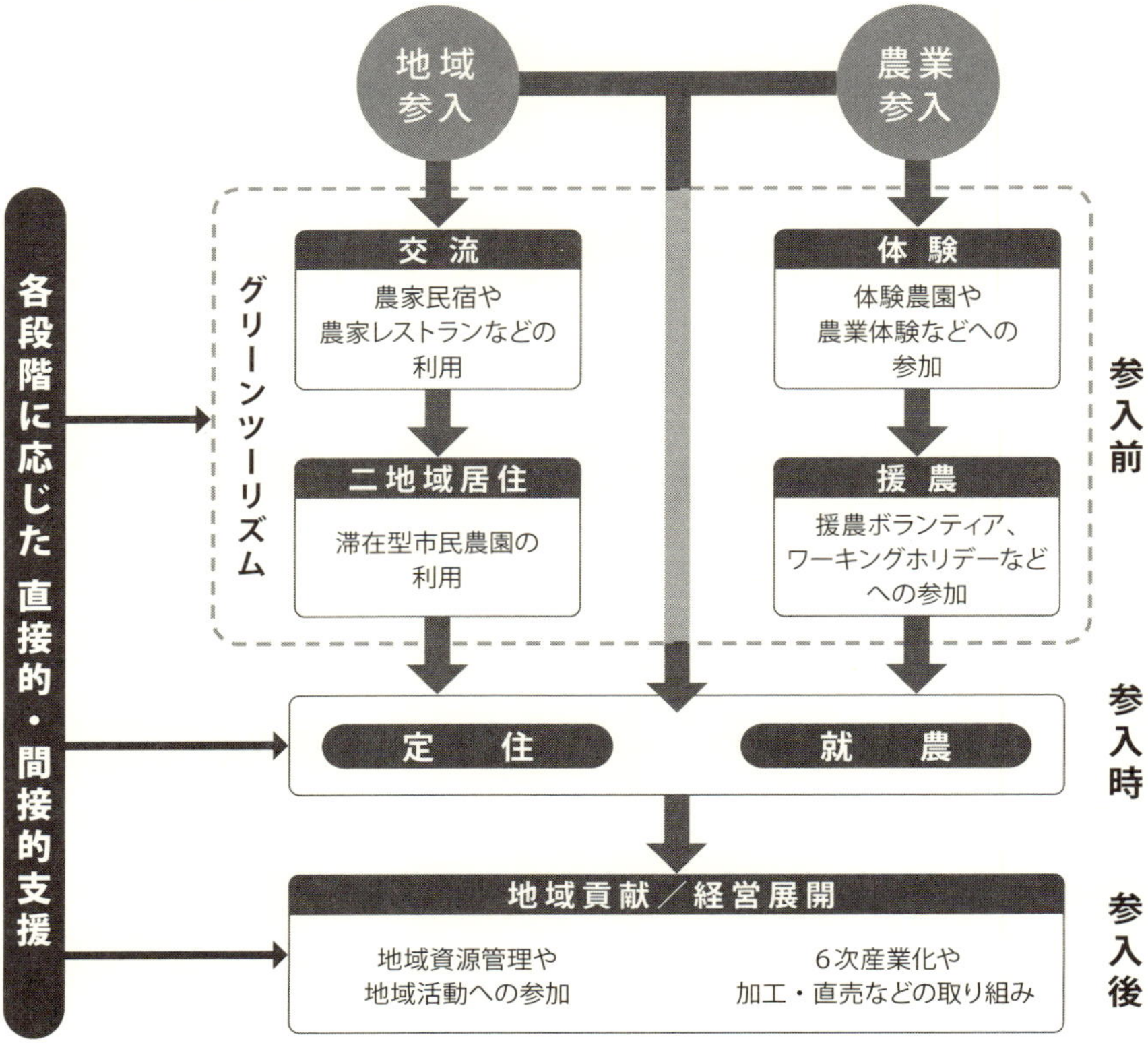

＊筆者作成

セスと、農業参入と地域参入の両面を考慮し、実際に行なわれている事例を示したものが右の図である。本図には直接的に新規参入を図るルートのほかに、図の右側は、非農業者から農業者へと職業を異動する農業参入のプロセスを表しており、農業を体験する段階から援農を経て就農し、その後の経営展開を図る流れがある。ここでは、体験農園（体験）や援農ボランティア（体験）への参加、6次産業化の取り組み（経営展開）などがみられる。他方、図の左側部分は都市から農村への地域参入のプロセスを示している。交流から二地域居住、定住を経て地域貢献へ至る各段階には農家民宿（交流）や滞在型市民農園（二地域居住）の利用、地域資源管理への取り組み（地域貢献）などが挙げられる。なお、農業参入の援農までの段階と、地域参入の二地域居住までの段階に分布する各種取り組みは、グリーンツーリズムとして位置づけることができる。

以上の新規参入のプロセスの各段階で直接的・間接的な支援が実施されている。たとえば、新規参入希望者を受け入れる体験農園や農家民宿の運営者の取り組みは直接的支援であり、その開業や運営をサポートする行政やＪＡなどの関係機関の取り組みは間接的支援となる。こうした支援策で今後重要となることは直接的・間接的支援をつなげ、就農意欲が高い者は次の段階へ進めるようなルートを整備することである。多様なニーズをもつ外部人材を受け入れるためには、農業参入や地域参入にかかわる多くの支援メニューを用意して間口を広げなければならない。そのうえで、段階的に新規参入のルートを歩めるような支援を行なうことが重要だと考える。

就農後の課題——経営展開と地域貢献に向けて

農家子弟の新規自営農業就農者が減少する一方で、新規参入者をはじめとする外部人材が増加し、新規就農者の一定数を占めるようになった。このような状況のなか、これまで農家内部の人材が担ってきた役割を新規参入者に求める機会が増えるであろう。その役割のひとつは地域の農業振興に資することであり、もうひとつは地域社会に貢献することである。

　これを新規参入者からみれば、参入後に経営展開を図るとともに、地域貢献に取り組むことを意味する（前掲図）。後者の地域貢献に関してみれば、新規参入者は参入後に耕作放棄地の利用の依頼を受けたり、地域活動の役を受けたりする機会が多くなっている。[*11] こうした地域貢献の取り組みで地域との関係が良好となれば、農地や労働力、情報などの地域資源を活用しやすくなり、それは経営規模の拡大といった参入後の経営展開につながる。したがって、新規参入者にとっては経営展開と地域貢献とのバランスをとりながら、参入後のプロセスを歩むことが重要な課題となる。

　この点に関しては、新規参入者が自らの経営以外に、地元農業者や地場企業などと協力して新たな組織を立ち上げ、農産加工や販売対応に取り組んでいるケースがみられる。[*12] つまり、新規参入者自身の経営と地域との接点に組織を置き、組織活動を通じて両者の発展を図っているのである。これは経営感覚に富んだ新規参入者が取り組んでいる先進事例であり、地域貢献を通じた経営展開のケースとして評価することができる。また、ここまでのレベルに達しなくとも、参入後に、新規参入者が地域の農業者や企業などと協力して耕作放棄地の復旧や都市農村交流、各種イベントにかかわるケースがみられる。受け入れ地域においては、新規参入者と地元の関係者とをつなぎ、参入者の経営展開と地域貢献を両立させる活動をそのレベルに応じて支援することが今後重要となるのではないだろうか。こうした支援を通じて、農業振興や地域振興に資する人材を育成していくことが新規参入者の定着率を高めることにもつながると考える。

　最後に、農業振興とともに地域振興を図ることは、新規参入者だけでなく、農家子弟の新規自営農業者や既存の農業者にも求められる課題である。新規参入者に対する支援は、地域とともに歩む担い手を育成するうえでの嚆矢《こうし》になるといえるだろう。

＊11
全国新規就農相談センター「新規就農者（新規参入者）の就農実態に関する調査結果」（２０１４年３月、有効回答数７１１人）によれば、就農経過5年目以上の新規参入者のうち、耕作放棄地の利用依頼を受けたことがある者は58・３％、地域活動の役を受けたことがある者は62・９％となっている。

＊12
江川章「現代の若者がこころざす農業のかたち」（『農業と経済』第82巻第5号、２０１６年5月）では、新規参入者が地元の若手農業者と販売組織を設立したり、地場の食品企業や農業者などと事業協同組合を立ち上げたりした事例が記されている。

第1章

新規就農のノウハウ

農業法人などに雇われるのではなく独立して農業を始めようとしたら、家や農地、作業小屋、機械……あらゆるものを一から手配しなければならない。

そんなときありがたいのが、「里親（後見人）」の存在。それが新規就農の先輩だったらなおさら心強い。

この章では、自らもIターン者であり、「長野県新規就農里親制度」のもとで新規就農者を支援してきた2人の先輩農家に、研修から独立までに必要なサポートについてうかがう。

先輩移住者より　私が研修生に教えていること

上野真司（長野県飯田市・虎岩旬菜園）

うえの・しんじ

１９７６年東京都生まれ。東京農業大学卒業後、青年海外協力隊員としてパラグアイで野菜栽培の指導に従事。帰国後、農業資材メーカーへ勤務したのち、２００５年に妻の真紀さんと２人で長野県飯田市にＩターン就農。現在、家族４人で、山間の集落に住み、フルーツトウモロコシ（スイートコーン）45ａ、水稲25ａ、家庭菜園など10ａのほか、加工品を直販。市田柿（干し柿）40ａはＪＡ出荷。「長野県新規就農里親制度」の里親として２組の夫婦を受け入れてきた。現在の３組目となる研修生夫婦も２０１７年４月に市内で就農予定。

私は2010年、「長野県新規就農里親制度」の里親に登録しました。研修生は里親のもとで最大2年間、栽培技術や経営を実践的に学びます。

現在受け入れている研修生は、千葉一哉さん（35歳）、洋子さん（33歳）夫婦。神奈川県出身で、2015年春に来ました。青年就農給付金準備型*1を利用していて、2017年春から市内で独立就農し、私同様、フルーツトウモロコシや市田柿（干し柿）などをつくる予定です。

2015年の春、研修に来たばかりの千葉一哉さん、洋子さんに、田起こし前の肥料ふりをしてもらったときの様子。まだちょっとへっぴり腰？

研修生を受け入れるときは、本人のやりたい農業像と、私が教えられる農業がマッチしている必要があります。千葉さん夫婦の場合、私と同じようにいろいろな野菜をつくり、宅配などの直販を中心にした農業を目指しています。飯田市の「ワーキングホリデー制度*2」で私の農場へ4回も援農ボランティアに来て、その後の研修先もうちに決めたようです。

長野県新規就農里親制度とは

長野県は、2003年から県内への新規就農希望者の支援に積極的な熟練農業者を「里親（農業者）」として登録し、就農希望者に紹介し農業研修をサポートする「新規就農里親制度」に取り組んでいる。2016年6月1日現在、里親は県内のさまざまな地域・作物（野菜、果樹、花卉《かき》、キノコ、水稲、畜産など）・経営形態の熟練者462名が登録されている。

就農コーディネーターが就農希望者に就農までのプラン作成を支援し、里親研修前基礎研修（長野県農業大学校研修部でおおむね1年）を修了したのちに、里親を紹介する（基礎研修を受けずに里親研修を受けることも可能）。以後おおむね2年間、里親は技術習得、地域への紹介、農地・住宅の確保などを一貫して支援し、就農後も身近な相談役としてサポートする。

この制度は県内居住者問わず全国誰もが利用することができ、この制度を活用した就農者は200人を超えている。

（1）家・農地を探す

研修前、研修中から探す

就農後の家や農地の確保は、就農希望者の共通の課題です。早く探し始めるにこしたことはありません。千葉さんが私のもとへ研修に来ることが決まった時点（２０１４年秋頃）で、私は「こんどの就農希望者が家と農地を探している」と地域の人に声をかけました。こういった情報は、何といっても地元が頼りです。私自身もＩターン者。今回も、私が就農する際にお世話になった元ＪＡ支所長や自治会長、農業委員などにお願いしました。

研修中に住む家はすぐに見つかり、千葉さん夫婦は２０１５年２月に移住。その後３ヵ月ほどで、農家住宅と家周り（家の周囲）の田畑を使ってもいいという方が現れました。２０１５年９月現在、住居はそちらに移し、農地は就農時に正式に借りる予定です。*3

作業場の位置もチェックすべし

多くの人が家を先に探すか、畑が先かで悩みますが、作業場も必ず必要なものなので、「家」「畑」「作業場」の三つの配置を考える必要があります。家＋作業場、または畑＋作業場が近くにそろうなら、迷わず借りたほうがよいとアドバイスしています。

畑と自宅の「距離」を重視する新規就農者が多いようですが、距離自体はさほど重要ではありません。私も水田などは家周りにありますが、トウモロコシ畑は自宅から車で15分、カキ畑は25分かかります。が、不便は感じていません。ただしトマト栽培などの施設園芸の場合はハウスの開け閉めなどがあるので、自宅近くに圃場《ほじょう》があったほうがいいです。

今回の千葉さんの家は、車庫兼作業場がセットになった農家住宅。農地も家周りにあって理想的で

*1 ２２２頁参照。

*2 農業に関心がある人や農業に取り組んでみたい人と、農繁期の手助けを必要としている農家を結びつける長野県飯田市独自の援農制度。希望者は果樹栽培など農繁期の人手を必要とする農家で、数日間、農家と寝食をともにして、農作業を手伝う。無償ボランティアだが、食事と宿泊は農家が提供する。参加登録は８７９名、受け入れ農家は１１９戸（２０１５年３月31日現在）。

*3 ２０１５年９月現在、千葉さん夫婦は大家から家のみを借りている。研修中に農地を借りたり買ったりすると就農したとみなされ、準備型の青年就農給付金が受けられなくなる。経営開始型に移行する時点で正式に農業委員会（２２３頁参照）や市に届け出て、貸借の契約をする予定。

す。しかし窪地に建っていて大きな土手に囲まれており、けっこうな面積の草刈りや木の管理が必要です。少なくとも年に2、3回はやらないと、クズや雑木が生い茂り、将来の管理作業に難儀することになる。管理していないと周りの信頼も得られない。「それが大変だよ」ということは、千葉さんに言いました。

結局、農家の仕事は農作業だけじゃないということです。家周りの斜面の管理を余計な仕事だと思うか。農家によっても認識はさまざまです。千葉さんは、いろいろなものを栽培しながら、将来民宿をやりたいとも思っている様子。立地を生かして原木キノコをつくることなども考えており、今回の家に合っていると思います。

農業は、営みのなかで暮らしを豊かにすることのできる仕事だと思います。私も就農してから、家周りの空き農地に果樹や山菜などを植えたり、山の木で原木キノコを栽培したりしてきました。手間ひまはかかりますが、豊かな暮らしを送れていると思っています。

上野さんの自宅と作業場の裏がカキ園。もともとあったウメのほかクリやカリンも植えた

広ければいいとはかぎらない

農地は、絶対的に条件のそろっているところを求めるのではなく、「日当たりはよいけど石が多い」「家からの距離は遠いけど広くて平らな畑」など、総合評価で決めます。候補の圃場が見つかったときは研修生と一緒にみにいき、地主さんの許可を得て畑に穴を掘り、石は多いか、土壌は粘土か砂地かなどを調べるようにしています。

新規就農者の場合、最初は自分の耕作可能な面積がイメージできません。広いほうがいいと思いがちですが、手がまわらないと収量が落ちて、かえって所得が下がってしまいます。たとえばカキだと、若くて体力があればひとりで20～30aでも管理できますが、そうでなければ15aくらいがいい。研修生は実際に草を刈ったり消毒作業するうちに、自分のできる範囲がわかってくるようです。

千葉さんが就農後に借りる農地は家周りの30a。ここでフルーツトウモロコシをつくり直販する予定です。そのほかに別の農家が市田柿の畑25aを貸してくれることになり、特産の干し柿にしてJAを通して出荷します。現在は私名義で借り、千葉さんが就農したら名義変更する予定です。早めに畑が決まったので研修中に2人で一緒に作業し、カキの樹形も整えることができました。この2年は収量が落ちますが、千葉さんが就農する頃には樹勢もちょうど回復するでしょう。

あとは就農してから、収入によってはミニトマトなどを入れて経営を強化していく。つくりたいものは家庭菜園で栽培して感触をつかむといい、という話もしています。

（2）機械・設備をもつ

中古品を少しずつ

必要となる機械がわかっていれば、農機メーカーの営業さんやJAの担当者に伝えておくと中古で出てきたときに連絡をくれます。ただ、中古だと将来的にはこわれて買い替えになります。どのタイミングで何を買うか。

たとえば草刈り機は新品でもいい。早めに手に入れれば自分でメンテナンスしながら練習できます。野菜を入れるコンテナは、新品は1個1000円ほどしますが、中古で50～200円で出まわる

上野真司さん（手前）から、カキ畑での誘引（上に伸びた枝を棚に固定する）作業を学ぶ千葉さん夫妻。2aに苗木50本を植えて、ジョイント栽培（＊4）を試験中。成功すれば2～3年でとれ始め、新規就農者にとっても早めに収入が得られる技術になるはず

＊4
樹体ジョイント仕立てのこと。複数樹の主枝部を接ぎ木で連結することで直線状の集合樹として仕立てる方法。低樹高のため省力化でき、早期成園化の効果もある。

ことがあるので、見つけたら買っておいたほうがいい。千葉さんは就農に向けて、中古のハンマーナイフモア[*5]や動噴、運搬車などもそろえています。トラクタは家の大家さんがご厚意で無料で貸してくれることになりました。

年齢で機械への依存度が変わる

就農してからそろえたほうがいいものとしては、たとえば干し柿用の皮むき機。中古ものがほとんど出まわりませんし、担い手（人・農地プラン[*6]に位置づけられた経営体）が融資を受けて機械・設備を導入する場合は「経営体育成支援事業」[*7]（３割補助）も使えます。また干し場などの施設も、経営していくなかで適正な規模を判断したほうがいいです。

いまは青年就農給付金があり、経営開始型の額も年１５０万円と手厚いので、新品の機械や設備を買って償却資産（経費）を増やすこともすすめています。[*8]就農後、節税のために雇用労働を利用したり、前年の所得によって給付金が変動するため売り上げをあえて抑える方もいますが、給付中はしっかり投資して償却資産を増やすことが、節税にも経営にもメリットがあると思います。

就農年齢によっても状況は変わります。現在は給付金制度があるため、自己資金が乏しくても就農はできますが、年齢が上がるほど自己資金はたくさん必要です。

たとえば20代前半であれば体力があるので、作業後や農閑期にアルバイトができたり、機械化しなくても体力でカバーできます。しかし40歳を過ぎてから就農する場合は初期投資もしっかり

市田柿の干し場。経営面積に合わせて、少しずつ大きくしてきた

*5 自走式の草刈り機。

*6 集落などでの話し合いをベースにした地域農業のマスタープラン。地域の中心となる経営体（＝担い手）が設定されている。詳細は２２５頁参照。

*7 担い手に対して農業機械等の導入を支援する国の事業。

*8 経営開始型の受給中は機械の購入代を経費として計上できるが、準備型の場合は認められていないので、当座は受給者と別の名義（親の名義など）で購入し、あとで買い取るなどして対処する場合もある。

として、機械や設備を整える必要があります。

（3）販路を開拓する

直販か、市場出荷か

就農希望者には、どんな農業経営の形があるのかということを説明しています。

・直販を経営の主体にすると、栽培に加えて顧客管理や営業も同時に行なう必要があるが、単価を自分で設定できるので売り上げの見当をつけやすく、単位面積あたりの利益も市場出荷より高くなる。

・直販といっても、消費者への直販もあれば、直売所や道の駅、スーパーへの卸しなど多様。

・市場出荷を主体にすると、栽培に集中できるが、単価は市場の動向で左右される。

等々。その人の性格や体力、家族構成、目標によって、市場出荷と直販のどちらがよいかは変わってきます。どういう売り方に重点を置くかを早い段階でイメージすることは、実はとても大事です。

就農先を探していると自治体の担当者によく「何を栽培したいですか？」とたずねられ、私自身も困ったものです。経験も土地勘もない者が、作目を選択するということは難しいことです。でも売り方を決めると、おのずと行くべき研修先や、つくるべき作目が決まります。あとからの路線変更は簡単ではありません。

市場出しなら、外観よく育てる技術が必要だし、作目も産地として求められているものがあるでしょう。うちのフルーツトウモロコシは直販では売れても市場では需要がないので、「間違い」になります。直販の場合は、トマトなら高糖度のものなど、特徴ある品種を選ぶことも必要です。

就農前に都会で営業してこい

私自身は、道の駅や土産物屋、飲食店、八百屋などに営業してきましたが、お店の方はほとんどがよい対応をしてくれるので、安心して営業に行けばいいと思います。飲食店のオーナーと話すと、生産者からのアプローチはありがたいと言ってくれる方が多いです。

また就農希望者には、移住する前に、いま住んでいる都市で営業してくるようにすすめています。就農してしまうと都市部への営業は時間やお金の問題で難しくなってくるので、就農前の営業は重要です。「何県で何をつくる予定で就農する」「出荷できる野菜ができたら送ります」と言って名刺を渡しておくと、就農したときに連絡がとりやすくなります。

（4）転ばぬ先の「20年計画」研修開始から計画を立てる

農業は時間軸の長い仕事です。農業経営には、設備投資にかぎらず、長いスパンの計画が欠かせません。

カキであれば、苗木を植えてから成園化までに7〜8年かかります。自分の経営のピークを何年先にするかによって、苗木を植えるタイミングも変わってきます。

また、子供が産まれれば一時的に労働力は減ってしまい、必要な生活費は増えていきます。私は、子供が産まれても、妻が少しは畑仕事を手伝えるだろうと思っていました。しかし、予想は見事に裏切られ、逆に私が家事をしなくては家の仕事がまわらなくなり、畑の労働力は2人から0・9人になってしまいました。

それでも、労働力が減ることは想定していたので、援農ボランティア（ワーキングホリデー）に手伝ってもらい、忙しい時期を乗り切ることができました。

私は20年間の長期計画を立て、所得目標や労働力を予測しながら農業経営を考えるようにしています。研修生にもとりあえず研修開始から20年先まで計画を立てるように言っています。耕作面積、機械のそろえ方、面積を増やすか作目を増やすか、といった判断は、短いスパンでは考えられません。年齢や就農年数、家族数などに応じた適正規模があるからです。

農業未経験者が中身のある計画を立てるのは難しいのですが、自分たちに今後どのくらいのお金が必要なのか、どの程度稼ぎたいのか、それが実際に可能なのかを知ってもらうにはいいツールです。

また、農業を始めるにあたって一番大切なことは、「所得500万円を目指す」「法人化する」といった行政や世間の基準ではなく、自分自身の目標を立てることです。自分なりの目標を立て、そこへ向かって少しずつ、自分のペースで創意工夫しながら歩んでいけるのは、農家の特権だと思います。

下表は私が就農時につくった20年計画です。現在の栽培品目とは若干異なりますが、収支はおおよそ計画どおりです。この計画は、新しい取り組みを始めるときにも利用できます。

就農時につくった「農業と生活の20年計画」

① 農業を始める目的:農業で生計を立てること

② 農業と新生活への初期投資:300万円(予定)

③ 所得目標・家計費支出予想(万円)

	1年目	2年目	3年目	5年目	10年目	20年目
所得目標	130	150	200	250	350	500
家計費	200	200	200	230	250	500

④労働力予測

	1年目	2年目	3年目	5年目	10年目	20年目
労働力	2人	2人	1.4人	1.2人	1.7人	2人

＊3年目に家族がひとり増える

⑤耕作面積・所得目標

品目	販売先	1年目		2年目		3年目		5年目		10年目		20年目	
		面積	所得	面積	所得	面積	所得	面積	所得	面積	所得	面積	所得
トウモロコシ	直売所・個人	40	60	40	80	40	100	45	135	45	135	45	135
水稲	個人	10	5	20	10	20	15	30	40	30	40	30	40
市田柿	JA・個人					10(1t)	25	15(2t)	60	20(4t)	120	25(5t)	150
原木キノコ	直売所・個人						5		15		25		25
モモ	直売所・個人									10	20	10	100
リンゴ	直売所・個人									10	10	10	50
養蜂	個人									5箱		5箱	
農外収入			15		35		30						
助成金			50		25		25						
合計		50	130	60	150	70	200	90	250	115	350	120	500

＊金額の単位は万円、面積はa

→子供が2人産まれて労働力予測ははずれたが、現在、収支はだいたい計画どおり。
就農6年目、加工品に取り組むときには、計画を新たにつくり直した。

家計費は自給で減らせる

農家の恵まれているところは、少しのお金で豊かな暮らしができることです。我が家では、年間50〜60種ほどの野菜や果樹、原木キノコなどを自給用（少し販売用）として栽培しています。旬のとれたて野菜や果物、特に原木ナメコやマイタケは、高級料理店にも負けない味だと思っています。いつも畑や貯蔵庫に食べ物があふれているので、外食に行くことはほとんどなく、毎年、自家製の梅ジュースやカリンジュースをつくって畑に持参するので、自販機でジュースを買うこともありません。また、家庭菜園（約5ａ）の仕事もあるので、お金をかけて遠くへ遊びにいく暇もなく、子供たち（7歳、5歳）とは、近所の公園でお弁当を食べたり、一緒に畑でタネ播きや収穫を楽しみ、いまのところは満足してもらっています（将来はわかりませんが……）。

こんな感じで暮らしていると、家計費は家族4人で年間２００万〜２５０万円ですみます。私は子供を大学に行かせてあげられるぐらいの所得があれば十分だと思っています。今後、所得を大幅に増やすとすれば、子供が農業を一緒にやりたいと言ったときだと思っています。

上野さんの自宅隣の竹林では、ナメコやヒラタケ、シイタケを原木栽培。絶品

農家は簡単に倒産しない

「農業所得＞家計費＋農業への投資」。これをつねにキープできれば、農家は倒産しません。天候不順で不作の年も、家計費を切り詰めれば農家は経営を継続できます。しかし、サラリーマンのように毎月の生活費を20万円と決めてしまうと、農業収入が減ってもその生活スタイルは変えられず、気づいたら赤字経営となってしまいます。就農前、私も農業は「所得＝家計費」でいいと思っていまし

た。しかし実際に農家をやってみると、年齢とともに体力は落ち、機械もこわれてきます。設備投資を続けないと、20年、30年とは経営を続けられないことを悟りました。

「青年就農給付金制度」は、画期的な制度だと思いますが、給付金を生活費にまわしてしまうと、給付が終わったときに農業で稼いだお金だけでまかない、給付金を農業への投資に使うようすすめています。研修生には、生活費は農業で稼いだお金だけでまかない、給付金は農業への投資に使うようすすめています。

給付金が終わったとき、サラリーマン時代の生活水準を取り戻せるような設備投資を計画的に進めていくとよいのではないでしょうか。研修生には、自分の家庭菜園もつくってもらいます。いろいろな野菜を育て、観察することは、栽培の勉強になるし、何より、生活費を節約することができます。農業は、お金を稼ぐ手段というだけでなく、暮らしを豊かにする生業《なりわい》でもあります。

（5）「ここでも農業で暮らせる」ことを示せた

ここに就農して12年。周りの地元の人たちの農業への見方も変わってきました。以前は「ここでは農業で生計が成り立たない」と考えていたようなのですが、私が就農して農業で生計を立てている様子をみて、「農業も職業として選択できる」「定年になったら農業をしたいので、それまで農地を維持したい」といった声が聞こえるようになりました。

また、私は農業体験も受け入れており、都市住民や学生に、こんな暮らしもあるんだと伝えています。農業で生計も成り立つし、豊かな暮らしも実現できることを都市住民に伝えていけば、農業を志す若い方が出てくると思います。

中山間地では、農業をひとりでやっていくことは不可能です。地域に一定数の農家がなくては、自分の農業も成り立ちません。私が研修生を受け入れているのは、自分の営農を継続していくためにも地域の農家（仲間）を増やしていきたいからです。

新規「起」農するということ

土肥寛幸（長野県松本市・新規就農者支援組織「信州ぷ組」）

どひ・ひろゆき

1964年11月生まれ、東京都出身。高校卒業後、音楽で飯を食うことを目指すが夢は果たせず、2003年に農の道へ。2004年に妻の嘉恵さん（写真右）の実家のある長野県松本市波田地区にて新規就農、スイカ栽培農家として独立。2009年、自らの新規就農経験から新規就農者支援組織「信州ぷ組」を同志とともに立ち上げ、組長に就任し活動中。

はじめまして。長野県松本市波田というところでスイカ栽培を中心とした農業を営んでいる1964年11月生まれの52歳の新規就農者です。私は自身の新規就農の経験から新規就農経験者による新規就農者への支援活動組織「信州ぷ組」(以後、ぷ組)を同志と結成し、代表を務めています。私自身の経験、ぷ組の活動を経ての経験、それらを通じて「新規就農」に立ち向かい格闘中の新規就農者そして新規就農希望者が「自立」を果たすためにこの文章がお役に立てば幸いです。

まずぷ組についてですが、紹介用パンフレットから抜粋した一文をお読みください。

私たちが就農するにあたり、それぞれの状況のなかで様々な苦労がありました。しかし困難な状況下でも、同じ境遇にある就農仲間の存在が本当に大きな支えとなり励みとなりました。特に農業の現場では経験不足は仕方ないとしても、知識と技術の不足に関しては、最先端の農業技術勉強会を自主開催してきたことにより、確実に補うことができました。また新規就農者が抱える問題、悩みはそれぞれ特有なものがあり、周辺の既存農家さんや行政には現状や立場が伝わらないことも少なくありません。その経験をもとに同じ新規就農経験者だからこそ可能な支援事業を行うことができると考えています。

以上です。ぷ組の活動動機について端的に書かれています。「ぷ組」ってふざけたネーミングのようですが活動は極めて真剣です。ぷ組の「ぷ」は私が1年間受講した2003年の研修、新規就農者プロジェクト研修[*9]の「ぷ」です。ここで出会った同期の研修仲間との活動が始まりなのです。抜粋した内容と一部重なりますが、ぷ組の結成について簡単に触れてみます。

*9 長野県内への就農希望者を対象に県が主催。長野県農業大学校におおむね1年間通い、基礎的な農業技術・知識の習得ができるよう、講義、実習、農家視察などを行なう講座。本格的な栽培技術を学ぶというより、どの地域でどんな作物で就農するのかを考えるのが目的。現在も「新規就農里親前基礎研修」という名称で続けられている。

（1）新規就農者による新規就農者のための相互支援組織「信州ぷ組」

研修生だった2003年の7月のある日、新規就農者プロジェクト研修の一環で先進農家視察を行ない、長野市のハーブ農家の方を訪れました。その際、「ねぇ、君たち、いまうちでおもしろい勉強会やっているから来てみない？」と声をかけていただき、後日、その勉強会に研修の同期生と参加しました。そこで行なわれていた勉強会は土壌診断の勉強会、「土の会」でした。教科書は存在せず、そこに集う農家が実際に栽培する畑のデータがあるのみ。これを講師が解説するがそこがゴールではなく、そのデータを栽培者本人が自分で読みこなせるようになり、そのデータをもとに以後の対策を自身で判断できるようにすることを目指す、ものでした。

当時、農家の技術は経験則が基本と感じていました。たとえば、農家の方に「この畑でこの作物をつくるのにどの肥料をどのくらい、投入すればいいのか」と質問すると、「○○という肥料を○○だけ入れればいい」と答えが返ってきますが、その理由が「いままでこれでできていたから」。

ならば初めてこれから栽培する畑で私たちはどうやって決めればいいだろう？

農家のご子息なら親元で失敗という名の経験を積み重ねても、親がフォローしてくれるし、経営的体力も

有志で茨城県の有機栽培農家を視察。かぎられた時間のなかで、栽培のことだけでなく営業や雇用、経営のことまで質問攻め

ある。しかし私たちのような新規就農者は素人の状態から、たかが1〜2年の研修でデビュー、そして自分の経営の看板を自分で背負うこととなる。仮に失敗という名の経験を積み続けると、廃業という現実に向き合うことになる。しかし土壌診断という科学的根拠をもった手法を正しく学び、自分で読みこなすレベルまで上がると経験や勘に頼ることなく、土に向き合うことができる。

これこそわれわれが生き残っていくために学ぶべきことではないか？

その年の12月でプロジェクト研修は修了。同期生は私も含め、里親研修[*10]や就農のため県内各地に散らばりましたが、私たちは独自に「新規就農者士の会」を発足させ、経験不足、技術不足をカバーするために、科学的根拠に基づいた農業技術を学ぶ勉強会を自主開催していきました。

勉強会の参加者は当初、研修同期生が中心でしたが、研修終了後に散らばった先の新規就農者を誘って巻き込み、自然と新規就農者のネットワークが広がっていきました。就農直後の苦しい時期、同じ境遇の仲間の存在に本当に助けられました。時には励まし合い、時には慰め合い、少しずつ結果を得ることができ、次第に経営も安定してきました。

そして感じたこと。われわれはこうやって出会いに恵まれ、仲間とともにここまで歩むことができた。でも、県内には新規就農を果たしたものの、環境に恵まれず苦しんでいる方もきっといるだろう。ならばこの「新規就農者士の会」の組織を見直し、整理して、そういう方々を支える組織にできないだろうか。新規就農を経験したわれわれだからこそできる新規就農者支援があるはずだ——。そうして2009年4月、新規就農者仲間約20人で正式に「信州ぷ組」を設立、新規就農者の支援活動を行なうこととしました。いまでは40人近くまで組員は増加し、年間30回を超える勉強会を自主開催しています。

*10 長野県が2003年から取り組む「新規就農里親制度」を利用した農業研修。詳細は32頁参照。

（2）自分で自分の答えを模索するための勉強会
――経営ビジョン発表会

ぷ組の支援活動の柱は、さまざまな勉強会、視察会、プレゼン会を企画、開催することです。[*11] そのような会では「これが正しい」「こうすればうまくいく」などの「答え」を学ぶのではなく、すべてが自分自身と向き合い、自身の答えを自身で模索することを第一に考えて企画されます。例として一番ぷ組らしい「経営ビジョン発表会」をご紹介します。

この発表会はそれぞれが持ち時間8分のなかで自身の経営のビジョン、次年度の経営計画などを発表、それに対して10分程度の質疑応答の時間を設けます。この会の目的、意義は何といっても「自らの経営と真剣に向き合わざるを得ない状況をつくる」ことにあります。

当然ながら発表資料を作成するうえで、自身の経営を見つめ直し、考え、まとめ上げることが必要となってきます。そうやって作成した経営ビジョンをこんどは皆の前で発表します。発表という形のアウトプットに対し、皆からのフィードバックという外部からの視点が加わります。そしてまた自らの頭で考える、そういうサイクルを経て、それぞれの経営にとってより大きな推進力となるビジョンに近づくことを目指します。

経営に答えはありません。経営について考える一歩目は「経営とは何か」を自らの言葉で考えることだと思います。農業においてはビジネスライクなスタイルで収益を上げることを第一に考えるスタイルもあれば、自給自足を基本として、現金収入は必要最低限でよいというスタイルもありますが、どちらも同じ農業経営です。大切なのは、なぜそうありたいのか、その思いは何なのか、将来どうなりたいのか、かかわっていただけた方にどうなっていただきたいのか、だと思います。

この発表会は「いい」発表をすることが目的ではありません。先に触れたように「自らと向き合

*11 ぷ組の勉強会は組員なら誰でも自由に企画でき、組員以外も参加できるオープンなものがほとんど。ここで紹介した経営ビジョン発表会のほかにも、土壌診断の結果を自分で理解し土づくりに活かせるようになることを目的とした「信州ぷ組土の会」（毎月第3金曜日）や1泊2日の「土壌診断強化合宿」、県内外の農家の視察「ぷ組圃場視察会」（2016年は5回開催）、太陽系の惑星の位置をもとにした「地球暦」を学ぶ「地球暦勉強会」など、さまざまなテーマの勉強会を開催している。

う」ことが目的で、信州ぷ組の数々の取り組みのなかでも最も重要なひとつだと感じています。回を重ねるにつれ、自らを精査するレベルは向上し、それに比例する形で発表のレベルも相当に向上しています。そして、この発表会では聞いている側がどんな質問（ツッコミ）を入れるかも大切になります。発表内容について、欠けているもの、不明瞭なもの、評価すべきもの、質問者が言いたいことを言うのではなく、相手、場について「言うべきこと」を発する、そう、この場での役割を果たすことが重要なのです。

毎年、突っ込まれる数人のメンバーは、発表内容は年々向上しているとはいえ、やはり問題が見え隠れしているので、そこに鋭いツッコミが入ります。でも、彼らはそれを覚悟で参加しています。言われることはけっして気分のいいことではない。それでも向き合い、この場に戻ってくる。その勇気

土肥農園の 2016年「経営ビジョン発表会」資料

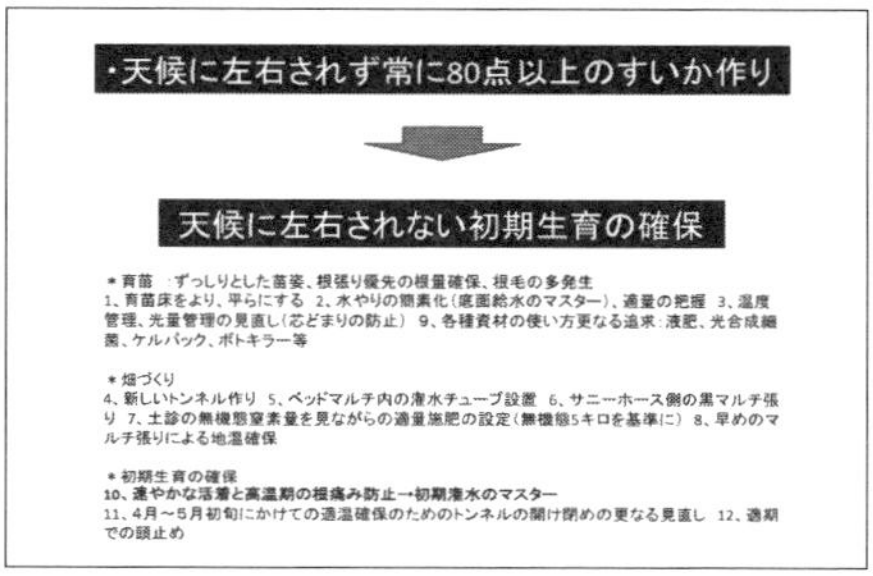
・天候に左右されず常に80点以上のすいか作り

天候に左右されない初期生育の確保

＊育苗　：ずっしりとした苗姿、根張り優先の根量確保、根毛の多発生
1、育苗床をより、平らにする　2、水やりの簡素化（底面給水のマスター）、適量の把握　3、温度管理、光量管理の見直し（芯どまりの防止）　9、各種資材の使い方更なる追求：液肥、光合成細菌、ケルパック、ボトキラー等

＊畑づくり
4、新しいトンネル作り　5、ベッドマルチ内の潅水チューブ設置　6、サニーホース側の黒マルチ張り　7、土診の無機態窒素量を見ながらの適量施肥の設定（無機態5キロを基準に）　8、早めのマルチ張りによる地温確保

＊初期生育の確保
10、速やかな活着と高温期の根痛み防止→初期潅水のマスター
11、4月～5月初旬にかけての適温確保のためのトンネルの開け閉めの更なる見直し　12、適期での頭止め

① 2015年のシーズンについて振り返り、よかった点と悪かった点を一覧に。栽培だけでなく、販売まで含めた経営を考える。

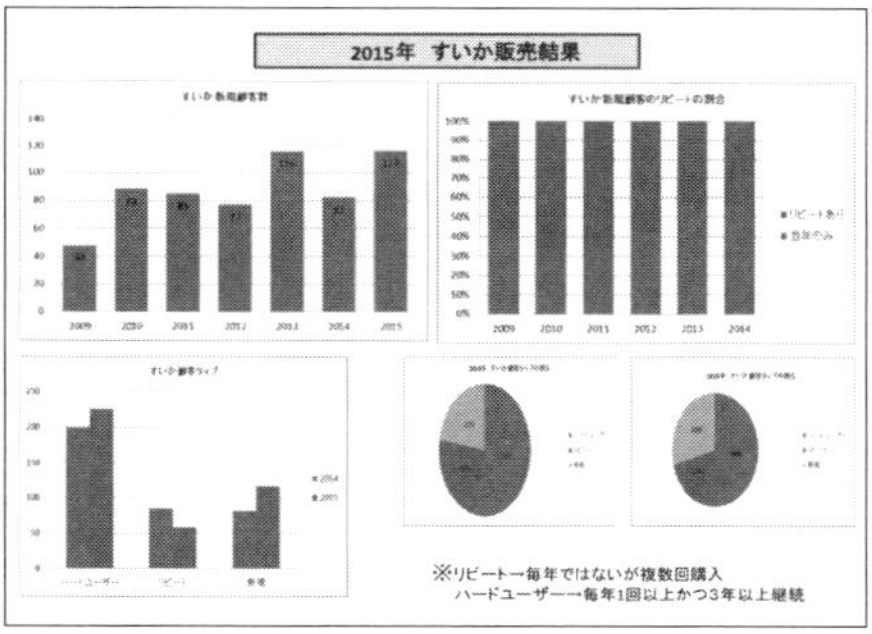

② 売り上げや直売のお客さまの内訳を分析。直売では、「毎年1回以上かつ３年以上継続」している顧客を「ハードユーザー」として、その層を安定させるため顧客フォローを充実させていくことも目標とした。

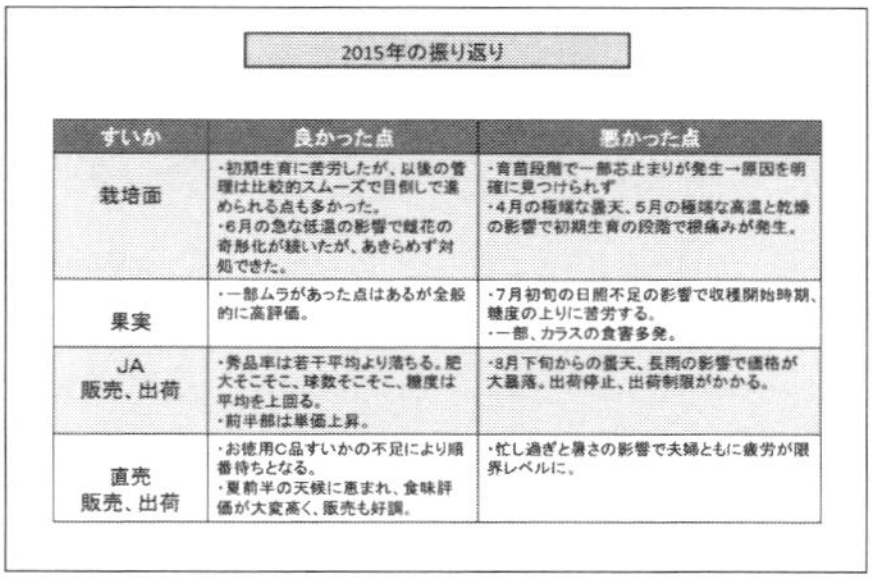
2015年の振り返り

すいか	良かった点	悪かった点
栽培面	・初期生育に苦労したが、以後の管理は比較的スムーズで目刺しで褒められる点も多かった。 ・6月の急な低温の影響で雌花の奇形化が続いたが、あきらめず対処できた。	・育苗段階で一部芯止まりが発生→原因を明確に見つけられず ・4月の極端な曇天、5月の極端な高温と乾燥の影響で初期生育の段階で根痛みが発生。
果実	・一部ムラがあった点はあるが全般的に高評価。	・7月初旬の日照不足の影響で収穫開始時期、糖度の上りに苦労する。 ・一部、カラスの食害多発。
JA 販売、出荷	・秀品率は若干平均より落ちる。肥大そこそこ、球数そこそこ、糖度は平均を上回る。 ・前半部は単価上昇。	・8月下旬からの曇天、長雨の影響で価格が大暴落。出荷停止、出荷制限がかかる。
直売 販売、出荷	・お徳用C品すいかの不足により順番待ちとなる。 ・夏前半の天候に恵まれ、食味評価が大変高く、販売も好調。	・忙し過ぎと暑さの影響で夫婦ともに疲労が限界レベルに。

③ 2015年の経営を振り返ったうえで、2016年シーズンの目標を「天候に左右されずつねに80点以上のスイカづくり」とした。目標達成のための「初期生育の確保」に向け、具体的な行動計画も考え発表した。

と熱意は本当にすばらしいことです。皆、人生をかけて農業に取り組んでいるのです。だからこそ、ギリギリのレベルで厳しいツッコミを入れるのです。このように相互支援のなかでそれぞれが自身と向き合いながら切磋琢磨《せっさたくま》をくり返すシステムがぷ組の支援の根幹になります。

（3）「農家になる」のに必要なものはお金でも経験でもなく「覚悟」

ぷ組の活動や私自身の新規就農経験を経て思うことは、新規就農すること、それはイコール、新規事業を立ち上げる、起業するということです。つまり、本質的には新規「就」農ではなく新規「起」農なのです。就くのではなく起業の「起」なのです。経営者になるのです。すべて自分で考えて自分で判断し、自分で行動して、すべての責任を自分で負うのです。

新規起農するにあたって大切なこと、それは「覚悟」だと私は確信しています。「貯金の額」でも「経験」でも「動機」でも「知識」でもありません。極論をいえば、これらはまったく必要ないかもしれません。私自身、経験、知識はゼロ、動機は「思いつき」でしたから。しかし、青年就農給付金[*12]が支給されるようになってから、少しおかしくなっているような気がします。「150万円支給されるならチャレンジしてみたい」こんなふうに考える方、厳しい言い方ですがこの道に向いていません。何があろうがなかろうがとにかく絶対にやりたい！「君、やめたほうがいいよ」って言われても来てしまう、そんな強い「覚悟」がある人に初めて道は開かれます。

ぷ組の組員でも恐ろしいくらい何もない状態から一つひとつ切り拓いて、別人のように成長した人もいます。私も経験しましたが、本当にこの世界は厳しいです。なかなかお金にならない、ちょっとした油断で大失敗、天候不順や土壌病害により収穫直前に全滅、こんなことはけっして珍しいことではありません。何があってもやり抜く、そんなある種の「バカ」なやつが農家として生き抜くことができるのだと思います。もちろん逆の例もあります。頭脳明晰《めいせき》、行動力もある、事前によく調べてあ

*12 222頁参照。

りプランもしっかりしている。でも想定外の出来事に遭遇して辞めてしまう。

就農10年後に離農してしまったAさんの例

就農時の準備として預金額がよく話題になります。確かに多くあるにこしたことはないのですが、貯金があったがゆえに失敗した例もあります。

Aさんは大学卒業後、電気メーカーに就職、初期のパソコン製作にかかわってきましたが、40歳前に退職し、長野県内のある町に移住。花の栽培に取り組みました。その花は一般的な花ですが、彼は特殊な品種を扱っていたので栽培方法を自分で研究し確立、普及を志しながら、栽培農家としても経済的に成り立つレベルを目指していました。が、われわれのように農家で研修を受けていないせいなのか、どうもがんばりが足りなくみえるのです。ちょっと疲れがたまると休む。規模が小さいなら増やせばいいのですが、リスクを考えてトライしない。ぶ組で販売についての講座を設けるも不参加。理由を聞いてみると「サラリーマン時代に社内研修でさんざんやったから習う必要がない」と。しかし現状は販売が順調なようにはみえない。「そのうちなんとかなる」「いつかできるようになる」と考えているのです。貯金という余裕が甘さとなっているのです。

私も経験がありますが、栽培面積を自分のその時点での限界以上に増やしていくことは容易ではありません。やり切れるかやり切れないかの限界ギリギリの状況に体力的にも精神的も追い込まれます。しかしそれでもなんとかそれを乗り切ったとき、初めてその限界が乗り越えられるのです。新規就農はそのくり返ししかありません。

結局、彼は10年かけて貯金を使い果たし実家に帰ることとなりました。頭もいいし、知識もある。ただ〝いまの自分〟という現実に対して本気で向き合う覚悟がなかったのです。

「手がまわらない」ではなく、何があろうと「まわす」決意が結果を出す

就農後、なかなか状態が好転しない方にも共通点があります。彼らが結果の出ない理由としてよく口にするのが「忙しくて栽培管理に手がまわらなかった」。「手がまわらない」というのは、やりたくてもやり切れなかったという意味です。

栽培において、これだけは絶対にやり切らないといけないポイントがあります。このときは大げさではなく、雨が降ろうが、槍が降ろうが（ちょっと表現が古いか）、睡眠がとれなかろうが、命をかけてやり切らなければなりません。結果を出している連中は、このタイミングにどんなことがあろうがやり切ります。やらないと結果が出ないのがわかっているから覚悟を決めるのです。「手がまわらない」ではなく、何があろうと「まわす」のです。この決意と覚悟がゆるいとそれが結果に表れているように思えます。

厳しさを上まわる農業の魅力

さんざん、厳しさについて書いてきましたが、それを上まわる魅力がこの仕事、農業にはあります。自身の目指す生き方、ビジョンを農業に置き換え、経営者として勝負できます。どう生きるのか、そのために何をどうつくって、どう売って、誰とつながっていくのか。基本、すべて自分で決めることができます。それは家族経営という最小規模の経営でも十分に継続可能なのです。私は就農してから早や13年となりましたが、この仕事はまだまだ可能性にあふれていると思います。いまだに目をギラギラさせて、未来をつくることばかり考えて、日々生きています。それだけでも本当に幸せです。日常のなかに未来が存在する。農業は本当にすばらしい仕事ですよ。でも、それにはここまで書いてきたように自身に立ち向かい、自立心をもち、必ずやり遂げるという「覚悟」と「決意」があってこそ、です。

最後に私が心からそう実感した大切な言葉を。

「サッカーの神様は細部に宿る」

元サッカー日本代表監督、岡田武史さんの言葉です。

最後に勝負を決めるのは、戦術ではなく、相手のシュートにブロックに入る、マイボールになったら全力で切り替えて攻撃に移る、相手ボールになったらすぐにプレッシングをかける……細かい一つひとつの局面で手を抜かずにやり抜いたときにサッカーの神様は振り向いてくれる。こんな主旨だったと思いますが農業もまったく同じです。

覚悟と決意をもって、自身の生き方を強くもち、目を輝かせながら充実感にあふれた新規起農者がひとりでも増えることを心より願っております。

コラム

新規就農者は農業だけの担い手ではない

――「多様な担い手」育成に向けた地域の取り組み

長野大学准教授・島根県中山間地域研究センター客員研究員　相川陽一

地域に合った「多様な担い手」確保の必要性

農家が、農業生産の主体のみならず、集落や地域の自治の担い手であり、草刈りなどを介した景観の守り手や祭りなどの伝統文化の継承主体でもあるように、新規就農者（後継ぎだけでなく農外からの新規参入者も含む）も、農業生産のみならず、地域社会の維持存続において多様な役割を果たしつつある。中山間地域では、域外からU・Iターンする若者が新規就農者であることも多く、島根県では、新規就農支援とU・Iターン支援を、産業政策と地域政策という行政機関内の領域区分を超えて展開する動きもみられる（空き家・農地・副業先などを一体的に提供していく集落ぐるみの新規就農者受け入れ方式など）。

近年、青年農業給付金制度をはじめとした新規就農者への支援制度が国レベルで整備されつつあるが、日本列島上の気候風土や地域農業のあり方の多様性を考えると、新規就農者の受け入れ活動は、（1）全国一律の制度適用が可能な部分と、（2）地域性を加味した新規就農者の育成策が必要な部分があることをふまえたうえで、受け入れ先の地域社会の特性に合った農家育成のあり方を各地で考案していくほうが有効だろう。そのためには、新規就農者を受け入れる地域の人々（新規就農者の受け入れに前向きな自治会など）と行政機関が連携して地域の実態をつかみ、専業・兼業別の農家構成や自給農も含めた農業の展開状況をおさえ、地域住民のおもな所得確保策などの情報も得たうえで、無理のない農家育成のあり方をボトムアップ式にさぐっていく必要がある。

たとえば、起伏に富んだ複雑な地形をもち、農業のスケールメリットを発揮しにくい中山間地域（ここでは西中国山地を想定）では、小規模・分散型の居住構造のもと、専業農家だけでなく、多くの兼業農家や自給農家によって農業や景観が維持されてきた。新規就農者の確保策は、多額の投資をかける専業就農だけでなく、低投資型の兼業就農支援も含めて、地域社会を支える「多様な担い手」育成という視点が重要である。地域特性をふまえたうえで、規模拡大や農地の集約化よりも集落の農家戸数を減らさないことに重点を置いた「多様な担い手」育成も検討されてよいように思う。このような観点から、新規就農者の新たな確保策として、２０１０年から島根県が「半農半X」型の就農支援制度[*13]を開始した背景には、農業の維持と地域社会の維持を両立させていくねらいがある。特に、中山間地域では、平場農村とは異なる地域条件に合わせて「多様な担い手」を育てていく発想が必要である。

新規就農者が地域で果たす役割

「新規就農」や「U・Iターン」という言葉が生まれる以前、都市に出た人々が帰郷して、あるいは、都市に生まれ育った人々が農山村に移住して農業を営む試みは「帰農」と呼ばれた。「帰農」の時代から新規就農者を受け入れてきた地域では、長い時間をかけて、新規就農者層が厚みを増し、農業のみならず地域社会の自治の担い手の役割も果たしつつある。

筆者が２００９年から２０１３年にかけて暮らした島根県浜田市弥栄《やさか》自治区（旧那賀《なか》郡弥栄村）の事例を紹介したい。筆者は、島根県中山間地域研究センターの常駐研究員として弥栄に暮らしながら、県市（旧村）が開始した兼業就農研修制度の活用者へのサポートなどに携わり、中山間地域の特性に合った就農支援のあり方を探ってきた。

弥栄自治区は、同県西部の石見地方に位置する人口約１５００人の山村で、20世紀前半から半

＊13 島根県の「半農半X」型就農支援制度の詳細については１８１頁の記事参照。および島根県農業経営課ウェブサイト内「島根県は半農半Xを応援します」を参照。
ＵＲＬ:http://www.pref.shimane.lg.jp/industry/norin/nougyo/ninaite/shinkishuno/hannohanx/（２０１６年10月19日最終閲覧）

島根県浜田市弥栄自治区

ばまでは約5000人が暮らし、水田と山にかかわるさまざまな生業によって暮らしを立てていたが、高度成長期の木炭から石油へのエネルギー転換にともなって山の経済的な価値が低下し、急激な過疎化を経験した地域である。

弥栄の「帰農」の歴史は長く、1970年代の初期に山陽方面からコミューン建設を目指す若者の入植があり、このとき建設された弥栄之郷共同体（現やさか共同農場）によって、都市住民の「帰農」促進活動が、全国的にみても早くから取り組まれてきた。1990年代後半からは弥栄村役場と連携した農業研修制度が始まり、2015年時点で19名の元研修生が、雇用就農者や自営就農者として地域に暮らしている。19名のうち4名が研修生同士で結婚しており、元研修生は計17世帯である。行政機関の研修生のほかに、約40年にわたる弥栄之郷共同体／やさか共同農場の研修生として移住・就農を果たした新規就農者も数多くおり、このほか、他地域で農業研修を受けた人や研修を受けずに独力で就農した人もいる。新規就農者の現在の年齢は、多くが20歳代から40歳代で、「定年帰農」は少ないのが特徴である。

筆者が暮らした当時、弥栄内には27の自治会があり、このうち四つの自治会で、専業的に農業を営む移住者が自治会長を経験し、連合自治会長（旧弥栄村の範囲）の経験者も1名出ている。浜田市との市町村合併（2005年）後に設置された地域協議会の委員には、集落から推薦を受けて1名の新規就農者（県外からの移住者）が就任しており、移住者が旧村レベルの自治活動にかかわる動きもある。新規就農者の地域づくりや文化活動面での活動主体として、２０１０年に設立された「弥栄町青年農業者会議」（通称：弥栄元気会）があり、農業で生計を立てる若者約15名が、集落を横断して専業農家や雇用就農者の別なく参加し、むらの秋祭りから消えて久しかった出店を復活させるなどの地域活動に取り組みながら、互いの親睦を深めている。

多様な生計確保の途——世帯を単位に考える新規就農者支援

新規就農の希望者は、単身者、夫婦、複数世代など、さまざまな家族形態があり、世帯の全員が農業に従事しないケースもある。兼業農家が多数を占める地域では、複数の収入源で家計を維持するのは珍しいことではない。行政機関には、新規就農支援制度を活用する就農者個人への支援のみならず、世帯員の生計確保策にも視野を広げたうえで、世帯所得の確保という観点から就農者の目標所得額を設定する姿勢が求められる。最初から高投資型の就農を進めるよりも、兼業農業からスタートして、農業所得を段階的に増やしていくほうが望ましいケースもある。

弥栄では、30歳代から50歳代のUターン就農者や地元出身者が、同居・近居の家族の人的支援を受けながら、専業農家として葉物野菜などのハウス栽培を１ha前後の規模で営み、露地栽培も取り入れて、集落内外の兼業農家や自給農家を雇用する方式が定着しつつある。ハウスでの作業や出荷調整などには人手が必要なことから、こうした専業農家は、弥栄内の新規就農者にとって、職住近接の暮らしを営むための貴重な就労先であり、半日ほどの仕事で現金収入を得ながら段階的に専業農家を目指す新規就農者と、兼業農家や自給農家として生活を安定させていく新規就農者がいる。企業的経営を行なう専業農家にとっても、これまで主要な働き手だった高齢者の減少が予測されるなかで、新たな働き手の確保は切実な課題であり、農業研修を終えた若者は貴重な働き手でもある。

中山間地域における「多様な担い手」確保のためには、専業農家と兼業・自給農家の共生関係をどのようにつくり出していくかという問いについて、各地域の条件に根ざした解を模索していく必要がある。

島根県では、2010年から「半農半X」型の新規就農支援が実施されており、従来は専業農家（認定農業者）[*14]に限定されていた新規就農支援の対象者の門戸を広げ、兼業農家を目指すU・Iターン者への公的支援を行なっている。市町村ごとの研修制度をベースに、研修期間中の助成金を県と市町村が給付する仕組みになっており、研修終了後の就業形態としては、自営農業を営みながら、農用機械のオペレーターや看護・福祉分野への就業などが想定されている（就農後の年間販売額や所得額は市町村によって就労モデルが個々に設定されており、目標所得額や投資額は市町村ごとに異なる）。医療や福祉といった人材不足の分野だけでなく、伝統的に農家の冬場の仕事先となってきた酒蔵での働き手を酒造組合と県が連携して募集するなど、従来の就農支援の枠に収まらない支援活動が展開されている。この制度を活用した研修生の多くは、石見地方の山間部に定住を希望しており、2013年9月時点で、22名の制度活用者がおり、うち19名が県西部から中央部にかけての山間地への就農希望者である（2013年9月、島根県農業経営課への聞き取り）。「半農半X」型就農支援制度は、島根県内でも山間部への就農に効果を発揮しているといえる。

*14 224頁参照。

新規就農者を育てるのは地域社会

10年前と比較すれば、国、都道府県、市町村における新規就農者への支援制度は充実してきている。だが、重要なことは、制度が人を呼び込むのではなく、新規就農者を呼び込み、支えていくのは受け入れ先の地域社会に暮らす人々であるという点に留意することだ。制度がどれほど充実していても、制度はあくまで就農の入口段階の支援に過ぎず、新規就農者が一生の仕事として農業を選び取り、その地域に暮らし続けていく際には、その地域に暮らす人々が生き生きと農業に向き合い、その地で営まれてきた暮らしに誇りをもち、新規就農者を惹きつける魅力をもつ必要がある。各地で新規就農者を支援してきた「後見人」農家に出会ってきたが、共通しているのは、彼ら・彼女らが自ら農山村の暮らしを楽しみ、その地に生きることに誇りをもっていることだった。

就農希望者に、まとまった資金が必要になる時期は、研修期間中ではなく研修後であり、研修後に農内外で営む自身の労働と対価との循環関係をつくることができなければ、地域に長く暮らし続けることは難しい。そのため、就農支援には、就農希望者が地域生活を安定的に営むための総合的な支援という構えが必要であり、行政機関まかせのみではうまくいかない。新規就農者の受け入れにあたっては、農地、家屋、技術、販路などの就農に必要な条件を十分にもたない就農者を、農業の世界と地域社会に導いていく地域の「後見人」農家の役割が大きい。[*15]

農山村では空き家や耕されなくなった農地が増えているが、それらは資金だけ用意しても簡単には手に入らないことも多い。経済的な価値を生みにくくなっても、家産として継承してきた家や農地を貸すことに抵抗のある方々はいて当然である。空き家や農地は私有財産だが、集落の自治会にあいさつにいき、社会的な承認を受けてから貸借されるケースもある。

農業を始めるにあたって必要な条件をそろえるためには、金銭だけでなく地域での信用が必要であり、信用とは、長期にわたってその地に暮らす見通しであったりする。移住や研修を終えて間もない新規就農者が、そうした信用を提示することは難しい。そこで、新規就農の希望者は、研修先の「後見人」農家などの信用を借りて、農地や家屋の確保を行なっていく。[*16] このようなプロセスは、域外からの新規参入者だけでなく、地元育ちで親の後を継いで規模拡大を図ろうとする農家子弟にも共通しており、研修先の指導農家や親の信用を借りて農地を確保するケースにいくつも出会ってきた。

＊15 原（福与）珠里「新規参入者のサポートネットワーク」『村落社会研究』Vol.8、No.2、2002年、24－35頁

＊16 相川陽一「中国山地の地域再生に携わって（3）移住者を受けとめる人びと」『ピープルズ・プラン』55号、2011年、129－133頁

新規就農者を受け入れていく地域では、集落ごとに「後見人」農家を増やしていく取り組みも必要だろう。農業は職住近接の仕事のため、家屋、農地、作業場などが離れすぎないよう、就農を支援する行政機関と集落（自治会など）が連携しながら、近場に確保していく必要もある。新規就農者と彼ら・彼女らを受け止める集落の双方において主体形成が必要となる。

伝統的な暮らしの再創造へ

長く続く過疎化のなかで、自家の農業や地域生活に自信を失いつつある住民も多い。そのなかで、時に地元育ちの住民よりも「山村らしい」暮らしを志向する新規就農者（とりわけ域外からの新規参入者）は、伝統的な暮らしを再創造する主体として位置づけることができる。[*17] 自らの意思で移住、就農し、田畑や山を活用する若者たちの動きをとおして、地元住民が地域の魅力に気づかされることもある。新規参入者を迎えていく意義は、地域農業や地域社会の維持・存続のみならず、伝統的な暮らしを新たに再創造していく地域文化の形成という点にも見出すことができるだろう。

弥栄では、生計確保に結びつく活動としては展開されていないが、新規就農者のなかには、山を活用することに関心をもつ若者もおり、薪ストーブや薪風呂の燃材確保、農業資材としての竹炭製造のために裏山を手入れし、林道を新設する動きもある。[*18] 島根県西部では自伐林業の動きも活性化しており、[*19] 田畑と山を活かした暮らしの見直しの動きにも着目していく必要があるだろう。

＊17
相川陽一「現代山村における地域資源の自給的利用と定住促進の可能性」『村落社会研究52』２０１６年、１４５－１８２頁

＊18
「１４００人のむら　熱エネ自給に立ち上がる——島根県浜田市弥栄地区」『季刊地域』24号、２０１６年2月

＊19
１８８頁参照。

第2章

家族経営を引き継ぐ・興す

家族経営とは、「家族労働によって暮らしを立てることを目的に営まれる農業」のこと。日本の農業経営の基本はこの家族経営であり、親から子へ、家業として引き継がれてきた。その継承のあり方がいま、多様化している。

この章では、第三者経営継承や新しく農家を興した例など、現地レポートもまじえて北海道と本州における新しい家族経営の継承・創設の姿をさぐっていく。

条件厳しい中山間地で11軒のうち6軒がU・Iターン者、農家になった

京都府舞鶴市・西方寺平《さいほうじだいら》 取材・執筆／編集部

700mほどの道脇に11軒が点在する西方寺平。集落全体の耕地は約2.5ha。うち基盤整備したのは1.7haで、一番広い畑でも10aほど。棚田での作業効率は悪いが、若者たちも1枚1枚、野菜を育てる。粘土質で寒暖の差があるからおいしい米もできる 写真＝曽田英介（以下、本節すべて）

舞鶴市中心部から車で40分。赤岩山へ上る道沿いの、最後の集落が西方寺平だ。標高は約250m。集落の入口にある害獣侵入防止用のゲートを過ぎると、鶏舎やハウスが点在する棚田がみえてくる。現在、戸数は11軒とけっして多くはない。しかしこの15年間で、そのうち6軒にUターン者やIターン者が来た。小学生以下の子供も9人いて、集落全体の平均年齢はなんと40歳だ。

傾斜地の田畑は小さいし、冬は1mの雪が積もることもある豪雪地帯。農業するには恵まれていないようにみえる。しかしU・Iターン者はいずれも、西方寺平で脈々と続けられてきた「家族経営」を手本に農業で生計を立て、むらの担い手になっている。

ここでは特に「家の後継者」ではないよそ者のIターン者に注目する。親から子への継承とは違う形——非農家出身者が居抜きや新規で農地や技術を地域の人から譲り受け、どんな家族経営を確立、あるいは目指しているのか。2軒を訪ねた。*1

（1）血縁のない22歳に養鶏を移譲した75歳
——泉 清毅さん

泉清毅さん（75歳）は代々の農家。養鶏と稲作を営んできたが、2015年4月、外からやってきた若者に経営を移譲した。いわゆる「第三者経営継承」だ。

1200羽くらいがちょうどいい

西方寺平が養鶏に取り組み始めたのは1970年頃。泉さんは当初からむらをリードしてきた存在だ。鶏の数は約1200羽で、当初からあまり変わらない。

泉清毅さん、秀子さん夫婦

泉家の作目と面積
・米　1.3ha（農協出荷）　・野菜　4a（自家用）
・ヒナの育成（3軒分）　・廃鶏の肉加工（直販）

*1 本節は『季刊地域』26号（2016年8月）の編集部取材記事「11軒のうち6軒がUIターン者、農家になった」を再編集した。年齢や肩書きなどは掲載時のものである。

「うちみたいに夫婦2人でやる場合、これが一番効率よく収益が上がる数。きっちり鶏の面倒がみられるし」と清毅さん。

「たくさん飼えば卵はようとれる。でもその分安くしなければ売り切れんものも出てくる。ようけエサがいるし、鶏糞もたまる。余分な作業が増えてデメリットが多すぎるのよ」

卵は、西方寺平のほかの2軒と共同で洗卵。いずれも2000羽前後で、家族経営の農家養鶏だ。エサは3軒とも、値は高いが遺伝子組み換えなしの飼料を自家配合したもので、抗生物質は使わない。販売も共同で、週に3回、市内周辺のパン屋やケーキ屋、お好み焼き屋などの食堂、病院内のカフェや職員、直売所、個人など、のべ100軒に配達。採卵数に応じて売り上げを分ける。*2

また廃鶏肉の加工も共同で行ない、週に1回、肉屋などに配達。泉さんの場合、鶏で250万円ほどの所得にはなる。

「あとは米と自家用野菜もつくれば、このむらではそんなにたくさんの現金がないと生活でけんわけでもないのよ。子供らもお金だけで育てるもんでもないしなあ」

数年前、奥さんの秀子さんが足を傷めたり、自分の体力的な心配もあって「やめようかな」とも考えたが、1軒がやめるとほかの2軒に迷惑がかかる。ある程度の顧客数に応えるにも3軒でやるから続けてこられた。

「誰か継げる人がおらんかな」

入澤祐樹さん。この鶏舎は泉さんが1970年に自分で手づくりしたもの。経営移譲前に1年かけて、2人で金網を張り直し、外側の巻き上げカーテンも新しく取り換えた

入澤君の作目と面積

- 採卵養鶏　ケージ1200羽（他2軒と共同販売）
- 米　10a（自家用）

*2 3軒で共同販売する卵の名称は「赤岩高原卵」。ポストハーベスト・遺伝子組み換えなしの飼料を自家配合し、赤岩山からの沢水も与える。直売所で10個350円で販売。

そんな折、2012年に出会ったのが、当時弱冠19歳の入澤祐樹君。入澤君は出荷仲間の1軒、霜尾誠一さん（72頁）の家に1年間住み込みで研修を受けていた、愛農学園農業高校*3の研修生だった。

骨を埋める覚悟で来た入澤君

「泉さんから担い手を探していると聞いたときに、自分がやりますと。ここに骨を埋める覚悟で決めました」と入澤君。

「大阪の実家はまったくの非農家。僕が新規で畜産をやろうとしたら、鶏舎やヒナの育成場、鶏糞乾燥室などへの初期投資で5000万～1億円かかります。もし手づくりしたとしても2000万円はかかるし、時間も1年間以上かかりそう。僕には『第三者経営移譲』『居抜き継承』しか道はない。しかも企業経営ではなく、泉さんのような家族経営なら支出も小さいし、当面ひとりでもできる。誰かやめる人がいたらぜひ引き継ぎたいって、思っていたんです」

そこで泉さんは、入澤君が霜尾家での研修を終えた後、青年就農給付金（準備型）を活用させて2年間研修生として受け入れ*4、そののち2015年4月1日に経営を移譲した。第三者への移譲でも農業者年金*5は受け取れる。

研修中はエサやり、お金の計算、田んぼの作業など、あらゆる作業をともにした。さらに泉さんがぜひ伝えたかったことは、「ここでの暮らしはそうカネはかからんが、その代わり何でも自分でしないといかん」ということだ。一輪車のパンク直しに鶏舎の修繕は当たり前。機械は大事に使う。灯油代がバカにならんから薪ボイラーを使う。

「費用を抑えて所得を増やす農業やな」

*3 三重県伊賀市にある私立の全寮制農業高等学校。公益社団法人全国愛農会が母体で、有機農業を実践している。

*4 京都府「担い手養成実践農場整備支援事業」も活用。新規就農希望者を対象に、研修中（最大2年間）、農地・機械などの賃借料、技術指導者への謝金などを助成。

*5 国民年金の第一号被保険者である農業者を対象とし、国民年金（基礎年金）に上乗せした公的な年金制度。60歳未満の国民年金の第一号被保険者であって年間60日以上農業に従事するものであれば誰でも加入できる。65歳から受給できる農業者老齢年金（60歳～65歳まで繰り上げ可能）と、経営継承とともに受給できる特例付加年金からなる。

鶏も販路も技術も丸ごと譲る

泉さんの場合、鶏舎などの設備は無償で譲り、鶏と残っていたエサは入澤君に買い取ってもらった。

「鶏は全部で70万円を超えるくらいだったかな。設備も一応税理士にみせたが、古いものだから合計しても200万円。だが入澤君にいまそんなカネはないし、仮に受け取っても2割は税金で引かれるんでナシにした。稲作のほうは自分も続けるから、トラクタやコンバインを置く倉庫だけは共同利用しとる」

3軒共同の販売者の名義も入澤君に変えた。入澤君の現在の収入は、養鶏と青年就農給付金（経営開始型）だ。

「自家用だけど、集落で耕さなくなった田んぼを借りて米を始めました。将来は野菜もやって3本柱で複合的な経営をしたいです。ひとりでは手がまわりませんけど。一緒にやってくれる人がいたら変わってきますけど……」と入澤君。

泉さん、養鶏を引退したといってもすぐそばで入澤君の様子を毎日みていれば、ハラハラしてつい手を出したくなることが実はたくさんある。

「15年産の米もろくにとれなかったみたいだし。まあでも2年研修したって、2年ですべて継承できるわけじゃない。必要なときはいつでも手を貸してます。卵のほうはよく産ましていて成績は悪いことない。去年、

背中に筋が入った純国産系ニワトリのゴトウのヒナ。経営移譲後も泉さんが3軒分の育成を担当。徐々に室温を下げ、ヒナを外気温に慣らすのが難しい。60日後に鶏舎に移す

風邪で熱出したときもひとりでエサやりして、いっぺんも甘えんかった。ほめたってよ」

養鶏だけよくなっても意味がない

泉さんが誰かに継いでもらいたいと思ったのは、養鶏だけのためではない。

「養鶏だけうまくいっても、地域がよくならんと意味がないんよ。むらのことを考える人をひとりでも増やさんと。自分が養鶏を始めた頃もな、採卵成績を上げるために試行錯誤して、どの家も軌道に乗ってきた。でもこの最奥のむらの生活環境はちっともようならんかった。土道のままで電灯もない。養鶏なら下の集落でもできるから、いずれみんな下りて、住む人がおらんようになると思った」

そこで泉さんは20代の頃から「へき地西方寺平を守る会」や青年会組織をつくってむらの要望を府や市に陳情。農作業用の電力線を引いたり、道を拡幅したり防犯灯をつけるために奔走し、西方寺平は見違えるように住みやすく変わった。

「そうやってつないできたむらだからなくすわけにはいかん、っていうのが根本にあるわけだ。だからここに来たい若者がいたら家も探すし、ここでできる農業も教える。むらの会議にも出てもらう。最初はよそもんを応援してやれんむら人も多かったが、いまは若い人が増えて『草刈りが楽になった』『子供の声が聞こえてにぎやかになった』『やっぱり若いもんがいるといいなあ』って、みんな実感しとる」

入澤君は現在、集落内の空き家を改修して住んでいる。[*6] 会議はもちろん、草刈り、祭りなどの共同作業にも欠かせない存在だ。

「うちの後継者としてむらに来たけど、むら全体の担い手やと思う。それは入澤君もようわかっているんじゃないかな」

＊6
舞鶴市「農村移住促進事業補助制度」（最大180万円）を活用しながら、先輩Iターン者たちに協力してもらって改修。10年間は住むことが前提。

（2）就農15年目の農家一代目、「心は小農」で産地を担う、次へつなげる
——添田 潤さん

西方寺平に本格的に若者が移住し始めたのは2000年前後。その頃やってきたうちのひとりが添田潤さん（38歳）。他の地域で有機農業をしていたが、光子さん（霜尾さんの娘さん）と結婚してここで就農することに決めた。家は、泉清毅さんから借りた土地に新築。現在、舞鶴特産の京野菜「万願寺甘とう」の部会長（JA京都にのくに）を務めながら、就農を目指す若いスタッフや研修生を常時4人雇用している。

添田潤さん（左から2番目）と市内から通うスタッフたち。「農の雇用」の研修生や、将来料理人を目指している人もいる

添田家の作目と面積

- 万願寺甘とう ハウス40a、露地27a（JA共販）
- 減農薬栽培ブドウ30a（直販）
- エゴマ 30a（搾油して直販）
- 繁殖牛 2頭

子育て中だから「規模拡大」。60年先の基盤をつくる

「実は僕、山下惣一さんが好きでよく本も読んでて。『小農学会』[*7]つくったでしょ？ 知ってるよ～。家族や人のために営む農業が『小農』にあたると思う。うちはいま人を雇用してるけど、ココロはいつも小農」と添田さん。

当初は耕作放棄地を耕しながら夫婦2人の家族経営でやっていた。「人を雇うなんて思ってもみなかった」が、子供が生まれてからよく考えるのは、60年先を見越した

＊7
小農学会とは2015年11月、九州の学者や農家が集い設立した民間団体。代表は農民作家の山下惣一さんと元鹿児島大学教授の萬田正治さん。山下さんは「小農」を規模や投資額の多寡ではなく、家族労働によって暮らしが営まれている農業と説明している。詳しくは『季刊地域』26号、2016年8月、12－13頁、「小農学会のねらいを、山下惣一さんに探る」を参照。

4月末、万願寺甘とうを初収穫。固定種でJA京都にのくに管内の舞鶴・綾部・福知山市で限定栽培。一般に出回っている「万願寺トウガラシ」とは異なる

農業の基盤づくりや「適正規模」について。人生のステージごとに経営の形は変わっていくという。

「就農して3年目頃に感じたことは、代々の専業農家の豊かさ。同じ集落にある妻の実家（霜尾家）がまさにそうだけど、田んぼや山がたくさんあって、家周りに最も手のかかる野菜をつくれる畑も持っている。機械や設備の減価償却は終わっているし、2世代の家族労働でまかなえるから支出も少ない。地域での信頼が厚くて周りとの関係ができている。経営的にも社会的にも安定していて、暮らしに余裕がある。時代がどう変わっても生きていけそうな、盤石な基盤があるんですよ」

農家一代目の添田さんにはそれらがない。

「農家は三代目まではよそ者だといわれています。だから自分の代だけで多くは望まないけど、せめて10年間で売り上げだけは追いつこうと思った」

目標は年間の売り上げ1500万円。徐々に畑を増やすなどしてその額に近づいてきた2010年頃、3人目の子供が生まれた。

「野菜は人手がどうしても必要。新規就農者の場合は子供が産まれると奥さんが脱落して、とたんに手が足りなくなる。霜尾家は近いけど向こうも農家で忙しい。以前、ナスを市場に出してたときは、朝4時に子供を畑で野菜コンテナに入れて作業して、出荷するときに保育園に連れて……なんてやってたけど、3人目の世話でさすがにギブアップ」

人を雇用すれば当然、規模を大きくしなければ給料を出せない。家族だけでなく、スタッフの生活

も守らなければならないから、売り上げを1500万円では止められない。

「経営や利潤の追求は農業を仕事とするうえではずせないポイント。しかしそれだけのために働く農業や、つくる人や食べる人が惨めな思いをしたり、不健康になるような経営は小農的だとは思いません」

いまや全体の売り上げは3000万円を超えるまでになったが、規模拡大の痛みも知った。

「万願寺甘とうのハウスを建てるため、西方寺平には大きくて平らなところがないから、霜尾さんの口利きで下の集落で農地を見つけたり。水道配管を変更してポンプも大きいものに買い直したり、本当にカネがかかった。そんなヒイヒイ言っているときに取材を受けて『新規就農のモデルですね』なんて言われてぎょっとしたことがある。真似されたら泥船に乗せてしまうと思ったから」

いまは大きな設備投資はないし、奥さんが農作業できるようになったら状況は変わってくる。また将来子供たちが農業を始めたら、完全に家族農業にシフトできると考える。

「共選販売の万願寺甘とう、個人販売のブドウ、エゴマ、そして山を生かした放牧牛と、3本柱をそれぞれ発展させていければ。たとえば牛は繁殖肥育一貫経営にして、肉の直営店も開いて消費者と直接つながる売り方をしたり。自分の代だけでみたらまだ

2015年10月に牛２頭を購入し、子牛が２頭産まれた。裏山を整備して放牧する予定

まだだけど、子供らが継ぐまでには二、三代続く農家の土台をつくりたい。いまはそのための投資と思っています」

「万願寺甘とう」を沈まない船にする

現在、万願寺甘とうの部会は400人。作付面積は徐々に増えて15ha、売り上げは3億円を超えた。*8

「でも会員の大半は作付面積が小さい高齢者。この5〜10年以内に、僕ら若手が受け継ぐ体制をつくらないといけない」と添田さん。行政の政策では大規模化に重きが置かれがち。以前は企業参入の話もあったが、これは反対意見が多くてナシになった。

「企業に違和感がある理由はうまく言えないけど、失敗したら即撤退されるのがみんな嫌なんだよね。大規模ほど穴も大きい。農家も失敗するけど、僕ならなるべく部会に迷惑かけない方法を一生懸命考えるね。そして少しずつ縮小する」

添田さんも部会長として、産地を守るために市場拡大は必要と考える。

「でも大規模農家が増えればいいわけでもない。この中山間地には広い農地はないし雪も多い。そのなかでいい農地を取り合ったら少数の農家しか暮らせなくなる。大きな農家1軒ではむらは守れない。だから農家はたくさんいたほうがいい。

ところがいまは農産物が一般的に安いために、農家は大型化せざるを得ない状況にある。そこが矛盾しちゃうんですが……。農業に誇りをもつ農家は、大小にかかわらずみんな存続する努力をするべきだと思う。お互いを食い合わない世界をつくれないか……」

添田さんが産地づくりに力を入れるのは、なんとか打開したいという思いもあるからだ。幸い、万願寺甘とうはある程度値段が一定している。共選販売だから、新規就農者も販売先を心配せずに参入できる。西方寺平にも、万願寺甘とう農家で研修してから就農したIターン者がいる。

*8
「万願寺甘とう」公式ホームページを参照。
http://amatou.kyoto/

西方寺平の一番高いところにある「雲の上のゲストハウス」。地元の有志17名が出資し、自分たちで古民家を改修した簡易宿泊所。各地の新規就農フェアで出会った人などと体験交流イベントも開く

「いまは産地を沈まない船にするべく働かせてもらっています。むらの伝統や文化の継承もそうだけど、先輩たちが何を大事にしていたかを学びつつ、僕らなりにそれを次につなげたい。それがむらのペースだと思う」

現在、添田さんらU・Iターン世代は、岡田中地域全体で移住者の交流会を盛んに開き、問題点などを話し合っている。市内の新規就農者20人ほどで「若い衆でやろ会」もつくり、共同で農地を借りて新人に融通したりアズキを栽培。地域のハウス建設を受託して学びながら現金を得る仕組みもつくった。他の集落から農作業の依頼が来るなど、確実に頼りにされる存在になっている。

35年以上、コツコツ受け入れを続けてきた――霜尾誠一さん

霜尾誠一さん（68歳）は30歳の頃から集落に農家を増やそうと、率先して就農希望の若者のために空き家や農地探しに取り組んできた、西方寺平新規就農支援の中心人物だ。

子供の頃、周りの大人はみーんな、百姓はもうあかんと言うし、クマも出るようなこんなところ、将来は絶対に住まんとこうと思っとった。でも縁あって、三重県の愛農学園農業高校に入学。そこで自給を大切にした農業なら、むらづくり・人づくりができると知って目からうろこ。自分が生まれたむらを少しでもよくしたいと思った。

学校を終えてむらに帰ったのが1968年。財界では「農業は労働生産性が工業の10分

右から霜尾さんの息子の共造さん（38歳）、治美さん夫婦と４人目の孫の皆美ちゃん。誠一さん、閑子さん夫婦。左端は2016年４月から１年間の研修にきた愛農学園の山口達史さん。卵は入澤君を含む３軒で共同販売。ほかに産直グループ「西方寺平から食べ物をありがとうの会」をつくって無農薬の米や野菜、平飼い卵などを舞鶴市周辺の消費者に届ける

霜尾家の作目と面積

・採卵養鶏　ケージ1800羽(3軒共同で直販)　平飼い200羽（2軒共同で直販）
・廃鶏の肉加工（直販）　・米　5ha（直販。50aは飼料米）　・野菜　30a（直販）

の1」「土地生産性は50分の1」といわれていたが、農業はそういうもん。ここで暮らせる農業があるというのを証明したかった。同世代はむらから外に出て行ったが、全国愛農会の講座には農業をしたい若者が都会から集まってきていた。それならこういう子らにむらに来てもらおうと。そのためには都会と同じくらい、人が自由に入ってこられるようなむらにするのが大事。

初めは排他的なむら人も多くて、空き家や農地があっても貸してもらえなかったり、せっかく若者が来ても会議に参加できなかったりで、なかなか居つけなかった。それでも泉さんにも協力してもらって都会の小学生を受け入れる「農業小学校」を開いたり、棚田のオーナー制度も始めた。

若者が定着し始めたのはその後。98年にひとりIターンすると、その翌年、翌々年と、息子世代が帰ってきて子供も増えた。いまは彼らが人を呼び込んでいます。

（まとめ編集部）

飼料米と過熟させた万願寺甘とうをエサに加えた平飼い卵。紅白にちなんで「めでたまご」。まるでダシのような旨味が強いのが特徴。直売所で6個350円

放牧酪農を無理なく引き継ぐ「居抜き継承」の仕組み

木村和雄（北海道枝幸町・リレー継承を支援する会）

撮影：石田晃介

きむら・かずお
1947年兵庫県姫路市生まれ。中学校より東京へ。71年北海道大学農学部中退。北海道枝幸（えさし）町に酪農実習生として入る。75年より東京で印刷工などさまざまな仕事に従事する。82年再度酪農を志し、枝幸町で実習、83年同町山臼地区に入植。現在は乳牛成牛28頭、自家用肉牛1頭、ニワトリ9羽（オス1羽、メス8羽）を飼育している。

2017年8月で私は70歳になる。若い頃からさまざまな仕事をしてきたが、やはり酪農をやりたいと枝幸町に入植したのが35歳のときで、年齢的にギリギリと考えたからだ。それから三十数年が経過し、ここ4〜5年私は牧場の継承を強く意識するようになった。子供たちがやらないことははっきりしていたので、いずれは誰かに引き継ごうとは思っていたが、それほど真剣には考えていなかった。意識し始めたのは、当たり前の話だが体力的な衰えを感じたからである。

60歳を過ぎてから、牛の頭数を減らし、いまは育成牛を置かず、親牛30頭ほどの経営になっている。50町ほどの草地を含め、作業をほぼひとりでこなしているが、やはりきつくなってきた。そして離農を考え始めたとき、この牧場の生産システムをトータルとして継承してほしいという思いを強くした。

(1)高泌乳酪農からマイペース酪農に転換して

私は二十数年前に昼夜放牧の低投入酪農に転換している。それまでは自由化に対抗するためにひとり年間400tは搾る必要があると考え、共同経営でフリーストール・ミルキングパーラーシステム[*9]を導入し、1000t弱を搾っていた。共同がうまくいかなくなり、個人経営に戻ったときも高泌乳酪農で400tほどを維持していた。そうしないと将来が厳しいと信じていたからだ。

93年から月刊誌『現代農業』に連載された三友盛行氏の「風土に生かされた酪農」[*10]を読んだときは、本当に「目からウロコ」であった。私は何よりもその経営実績に強く惹かれた。いわゆる拡大―効率を追求していた私の内容よりはるかに優れていたからである。私はそれまでパイの拡大＝収入の増加ばかりを考えていた。しかし問題は収支なのである。収入が少なくても支出を抑えれば所得は十分確保できる。経営をトータルとしてとらえる視点が欠けていた。それまでのやり方が多忙すぎること、また若い頃から思っていた牛飼いのイメージからどんどん遠ざかっていくという疑問をもっていたことが転換をあと押しした。

そして二十数年放牧酪農を実践して継承を考えたとき、私が強く思ったのは酪農のもつ〝お金にならないもの〟の価値の大きさである。

(2)引き継ぎたい、お金にならない大切なもの

私の住む地域は戦後の開拓地である。畑作に失敗して酪農に転換し、私が入った83年頃には酪農専業になっていた。私は開拓の苦労を知らず入りやすかったが、それは先人の長年の蓄積があったから

*9 牛をつながずに、自由に歩き回れるスペースをもった牛舎で、搾乳時、牛が自らミルキングパーラー(搾乳専用施設)に入り、酪農家がミルカー(乳を搾るための機器)を着けて搾乳を行い、搾乳が終わると牛は自ら出ていく仕組み。作業効率がよいので、大規模経営で採用されることが多い。

*10 連載「風土に生かされた酪農」をもとにした本として、三友盛行『マイペース酪農――風土に生かされた適正規模の実現』(農文協、2000年)がある。

だ。いま入る人はさらに楽になっている。さまざまな支援があるし、私たちの長年の蓄積のうえに入るからだ。この積み重ねはお金には換算できないが、地域の農業や自然全体をより豊かにしてきている。

私の酪農もそうだ。二十数年低投入を実践してきて、ここ何年か気づくことがある。放牧し始めは特に顕著だが、牛が牛群として配合飼料をあまり食べなくなってきたことだ。呼びエサとして1日1kg弱ほどしかやっていない。草地は二十数年更新していないが、堆肥を長年投入することで全体がぬかるまなくなり、やわらかになっている。おそらく虫たちや微生物の働きで土が団粒構造になっているのだろう。草自体も長雨でも倒伏せず、刈っていて気持ちのよい草に育っている。

酪農はつくづく20年、30年サイクルだと思う。時間の経過とともに、みえないものがみえてくる。低投入―放牧酪農が長年の実践のなかで、牧場全体をより豊かにしているのである。そしてそれらはいまの時代、お金には換算されない。しかし私は、こうしたお金にならないものが酪農にとって極めて大切なものと考えている。継承を考えたとき、これら全体を農場システムとして引き継いでほしいと強く思ったことである。そして、そのためには継承を支える仕組みが必要なのである。

(3) 現在の継承支援体制に欠けている視点

確かにこれまで農協―行政は新規就農へのさまざまな努力を重ねてきたし、またその成果も出ている。しかし毎年200~300戸という離農ペースにはまったく追いついていない。そして私たちの世代のこれからの大量離農を考えたとき、それに対応できる農場継承システムづくりは喫緊の課題である。

放牧主体の木村さんの牧場　　撮影:三谷朋弘

では、いままでの支援体制の問題点はどこにあるのか。

第一には補助事業を中心に考えられていることである。成果を上げているリース事業にしても予算の枠があるため、全道で年10戸程度である。そしてさまざまな助成金が地域で出されているが、それも限界があるため入れる戸数は制限されている。土地は農業公社[*11]がいったん買い上げ、乳牛も機械も施設もすべて新たに整備されるため、補助制度を活用しても負債がふくらんでしまう[*12]。

第二には、狭い意味での地域主義になってしまっている。自分のところで育てた参入者を中心に考えている。離農戸数もかぎられるし、入る人にとっては選択肢が極めて狭い。一番の問題は、そこがダメなとき、新たなところでまたゼロからやり直さなければならない。入る人にとってはリスクが大きすぎる。

第三には、いまなぜ若者たちの農村志向が強いのかをよく理解していない。生産量の維持確保の視点が強すぎる。農協によってはTMRセンター[*13]参加、高泌乳酪農を条件にしているが、いま酪農の現場で出会う若者たちのほとんどは、それほど規模も大きくない放牧—家族経営を志向している。このミスマッチは大きい。いま、問われているのは、農業問題（生産量の確保）ではなく農村問題（地域をどうしていくのか）であることを真剣に考えなければいけない。放牧宣言をした足寄町《あしょろちょう》[*14]に多くの若者たちが集まったように、私は農村に入る人はいると思っている。

（4）「リレー継承を支援する会」が目指すもの

こうした離農の増加—地域の崩壊に対して、なんとかしたいと2016年6月に「リレー継承を支援する会」が設立された。私も参加しているが、マイペース酪農交流会—放牧ネットワークを軸に全道的な組織体制になっている。

この会の特徴は大きく三つある。

*11 11頁*2、*3参照。

*12 草地50ha、搾乳牛50頭規模の場合、事業費は1億円を超え、補助事業を活用しても負債額は8000万円程度になる。

*13 サイレージ、トウモロコシなどの飼料、ミネラルなどを混ぜ合わせ、牛に必要な栄養素をすべて含んだ完全飼料を供給する施設。

*14 1996年に7戸の酪農家で「足寄町放牧酪農研究会」を立ち上げ、低コストで安定した酪農経営を目指す集約放牧を開始。その成果を踏まえ、2004年3月、足寄町議会は「放牧酪農推進の町」を宣言、町として取り組みを推進している。

第一に居抜き（リレー）継承であること。

研修に入る就農希望者は農場と牛をひっくるめた農場システムそのものを、そのまま引き継いでいく。地力とか牛の性質とかそれに合った農法といったお金に換算されないものを含め、トータルとしての農場を継承する。いままでも個人間での居抜きはあったが、トラブルも多かった。仲介役として公正な第三者を間に入れることによって、より継承がスムーズに進められると考えている。

これは就農する側・移譲する側双方にとって極めてメリットがある。

第二に全道的なネットワークになっていること。

道にも「担い手センター」[*15]のような部門があるが、必ずしもうまく機能していない。狭い地域主義では解決できないことを強く認識すべきだ。特に農村に入る人にとっては選択肢が広がり、自分の希望するところに入れるチャンスはとても大きくなる。

第三に、補助金に依存しないこと。

これは居抜き継承だからこそできる。補助金を使ったやり方より価格的には相当安くなる。研修をする農家で2年ほど実習し、その牧場をそのまま引き継ぐので、すぐ収入になる。仮に営農資金がゼロでも継承は可能だ。5年分割で土地代を除く部分（乳牛、機械、施設など）を返していき、5年後からはスーパーL資金[*16]などを活用して土地代を返していく。[*17]それぞれ牧場の実績違いを考慮する必要はあるが、ゼロからのスタートと違って十分償還可能な方式であると考えている。

そして何よりの利点は、マッチングさえうまくいけば何組でも入ることができることだ。

「リレー継承を支援する会」では、北海道で移譲を希望する酪農家のリストアップや新規就農希望者とのマッチング、農場の経済評価や合意形成などのお手伝いをしたい。

とはいえ、私たちの「会」は民間の組織であり、あくまで補完的なものだ。農協―行政と協力することで初めてうまく機能する。やめる人の住宅をどうするか、就農希望者の実習中の給与の確保や、

＊15
正式名称は「北海道農業担い手育成センター」。21世紀の北海道農業を担う若者を育成・確保するための総合窓口として、北海道、市町村をはじめ農業関係機関・団体によって設立され、各市町村の窓口（地域担い手育成センター）や関係機関・団体と連携を図りながら、農業の担い手育成、確保に向けたさまざまな支援を行なっている。

＊16
224頁参照。

＊17
この方式だと乳牛は経産牛、機械は中古、施設は減価償却されているので流動資産の評価額は低く抑えることができる。

途中でリタイアした場合の手当てなど、やはり農協―行政の協力なしには困難がともなう。さまざまな課題が実際には出てくる。全体の協力体制をしっかりとつくり、いまの農村問題にこたえていきたいと考えている。

(5)最後に――チャレンジとは

農業後継者から、よく「あなたも若い頃大型化にチャレンジしたでしょう、私もどこまでやれるかを試したい」と言われることがある。私の場合、一般資金でコストを下げ、内容的に十分なものをつくるために、自分なりにさまざまな工夫をし、ずいぶん勉強もした。いまの大型化は補助金を使った箱物をつくるだけで畜主の考えが入る余地はほとんどない。私はこれをチャレンジとは思わない。チャレンジとは挑戦するなかで成長していくことだ。補助金は人を育てない。

それと時代が違う。いまは大型化するほど、外部依存が強まり、構造的に脆弱《ぜいじゃく》になる。穀物・石油などの低価格・安定供給が前提となっており、リーマンショック後のこうした変動費部分の高騰が大型経営に大きなダメージを与えたことを忘れてはいけない。酪農は装置産業である。投資は中・長期の視野でみなければならない。これら変動費部分の今後を考えるとき大型投資は極めて大きなリスクをともなう。

放牧農家をみにいっていつも思うのは、それぞれ個性が出ていて同じものはないということだ。これが実におもしろい。ある人に言わせると牧場の第一印象と牛をみれば、畜主の性格・考えがわかるという。自分の思う牧場を20年、30年かけてつくっていくのである。自己表現の場としてとらえたとき、酪農はすばらしい仕事になる。前の人の意志を受け継ぎ自分の思いをつけ加え、それを後代に渡していく。お金には替えられないが、これこそ私には本当のチャレンジと思える。「支援する会」に多くの若者の集まることを期待します。[*18]

*18
リレー継承を支援する会
連絡先
三友盛行
電話　01537-3-3986
FAX　01537-3-3697

有機稲作農家として必要なことをこうして学んだ

山口俊樹（群馬県藤岡市・上州百姓「米達磨」）

やまぐち・としき

１９７８年、神奈川県生まれ。就農５年目。上州百姓「米達磨」の農園主。家族は妻・暁（あきら）さんと長女。趣味は読書とアナログレコード、冬場に料理。現在水田２・４ha、畑１・１haを経営（未基盤整備。全圃場有機ＪＡＳ取得）。米、ムギ、ダイズを有機栽培（直販と業販）。http://organic-y-farm.shop-pro.jp/

（1）なぜ、有機稲作か？

なぜ、稲作を選んだかと問われれば、私がご飯好きであったことと、穀物――特に日本ではイネこそが命をつなぎ、文明を育んだものであるので、稲作の技術を学びたいと考えていたからだ。漠然と農業をやってみようと考えていた当初は、野菜と穀類の経営上の違いがわからなかったが、イネを栽培することは米好きにとって必須であり、また大学院で民俗学を学んできた私にとって日本文明のあり方を考えるうえではずせないと思っていた。

さらに、なぜ有機農業なのかと問われれば、「慣行農業の稲作では営農が厳しい」ことを見聞きしていたし、環境保全型の栽培技術を目指すほうが、これからの持続可能な営農にはふさわしいと思ったからである。

就農前、複数の農家を実際にまわるなかで、圧倒的多数の有機農家が消費者と提携という形をとりながら、野菜を中心に栽培しているのをみてきた。ある農家からは、稲作で独立することは難しいからやめておけとも言われたが、かえってこの道を選ぶことに興味とやりがいを感じた。[*19]

（2）脱サラし、目指す農法を学べる研修先を探したが……

大学院修了後、日本企業の現場を実際に体験して今後の人生の方向性を決めようと思い、サラリーマン生活を始めるも、持続性のなさと体調不良を経験して方針転換を模索。1年ほど迷ったが、食糧を自給できればどのような社会情勢になっても飢えずに生活できるだろうとの思いから農業にねらいを定め、「新・農業人フェア」[*20]で出会ったいくつかの農家を訪問した。そこで最終的に研修先となる有限会社古代米浦部農園（群馬県藤岡市）と出会うのだが、その年は応募者多数のため、不採用となる。

＊19 水稲と野菜の営農上の比較（筆者の体験に基づく）。水稲など土地利用型農業は、野菜と比べて初期投資は大きいが、機械の導入により規模拡大はしやすい。貯蔵も効き、付加価値を付けながら自分のペースで売りやすい。

	水稲	野菜
初期投資額	大きい	少ない
経営規模	大きい	小さい
反あたりの売り上げ	小さい	大きい
反あたりの労働時間	短い	長い
保存期間	長い	短い

＊20 「農業を仕事にしたい」という関心に応え、全国7都市で行なわれる展示会。「求人募集」（農業法人など）、「研修生募集」「生徒募集」「就農支援・相談」（自治体など）のコーナーごとにブースが展開する。農水省の補助事業としてリクルートジョブズが主催・運営（札幌会場は全国農業会議所が主催）。

複数の農家やNPOなどをめぐり、2008年、長く有機農業を続けている農家のもとへ研修生として入った。しかし、当初は稲作と野菜栽培が学べるという話だったのだが、実際は稲作について学べる機会がなく、3ヵ月ほどで辞めた。

その後、有機JASの認証機関に在職中、前述の浦部農園から「そこまで有機稲作がしたいのなら」と声をかけていただき、2年間の研修を開始した。研修後、藤岡市で浦部農園から農地を切り分けてもらい（利用権設定の借り手の名義を変更）、2012年度の田植えより独立（書類上は2011年11月）して営農を開始した。

（3）研修段階で大型機械を運転&初めての営業

浦部農園での研修では、50馬力以上の高価で強力なトラクタなどを使って、初心者ながら、耕起から代かきまで[*21]一貫して経験できた。同様に大きなコンバインや田植え機の経験を積むことで、機械を利用して一定の面積を経営する基礎技術を身につけることができた。2年足らずの研修期間ではあるが、農機の基本的な使用方法を実地で学ぶことができた。

また、手取り除草を実際に経験することで、絶対に抑草[*22]は失敗してはいけないとの強い思いをもった。草対策の重要性を痛感し、独立してからも非常に役立った。

販売については、営業未経験の私にとって、セールストークや商習慣を、わずかではあるが垣間見ることができ

研修2年目、大型コンバインを使わせてもらってイネ刈り

＊21
浦部農園では米麦二毛作を行なっているので、麦刈り後にムギの残渣をトラクタですきこみ（耕起）、元肥を入れたのち、取水して圃場を均平にして（代かき）、田植えができる状態にしている。

＊22
除草剤を使用しない代わりに、田植え前後にくずダイズなどの有機物を散布したり、田植え直後から深水管理を行なうことで、雑草の発生を抑制している。

たことが勉強になった。特にセールストークは、独自の路線を見つけることが必須であると気づいた点が大きかった。

（4）納屋の敷地確保が最初のハードル

納屋がなければ農機具購入資金が借りられない。だが、納屋を用意するのに公的な援助は一切ない。それゆえ、新規就農ができない……これが稲作など穀類栽培への参入障壁である。

農機具などの購入については「経営体育成支援事業」[*23]などの公的援助がある。しかし購入した農機具を格納する場所を保持していることが前提である。[*24]さらに有機稲作の場合、地域のカントリーエレベーター[*25]などは有機栽培のものでない場合が多いので、自前で乾燥機を用意しないと収穫物を調製して出荷することが難しい。それゆえ、乾燥機を格納できる高さのある建屋を借りる、ないし自前で建造する必要がある。しかし条件に合う建物が少ないうえに、土地の手配および建造費用もけっして安くない。まず、この点がハードルである。

私の場合、もとより自分で見つけることが前提だったので、市やＪＡの協力を得て探しまわったが、宅地並みの値段を提示されたり、納屋に不適切だったり、候補地を見つけることができなかった。最終的に浦部農園の浦部修社長が独立予定地の地主と話をつけてくれたおかげで、近くの土地を適当な金額で購入できた。具体的には約12ａの畑を購入し、約１００㎡（１ａ）の納屋を建設。土地・建物はあわせて約１０００万円。購入資金は両親に借りることができ、予定どおり新規就農するための最初のハードルを越えることができた。

納屋の手配さえ見込みがつけば、あとはアパートを見つけ、農機具購入の資金計画については市や県などの関係機関と協議していけばよい。どのようなスケジュールで書類をどのように書くかは、先輩研修生の事例を参照しながらスムーズに進めることができた。

＊23 担い手（人・農地プランに位置づけられた経営体。新規就農者を含む）が、融資を受けて機械・設備を導入する場合に使える。3割補助。新規就農者が対象となるためには、就農の計画「青年等就農計画」を立て、市町村からの認定を受け「認定新規就農者」になる必要がある。２０１１年時点では上限８００万円の半額まで補助。

＊24 青年等就農計画を作成する際、いつどこで経営開始するのかなどを明記するため、農機具を納める施設を確保できていることが求められる。

＊25 農家が収穫・脱穀したモミを持ち込んで乾燥し、貯蔵する施設。出荷直前にモミすりをし、玄米の状態で出荷する。通常は地域の慣行栽培（農薬や化学肥料を使う一般的栽培方法）の米と一緒に扱われるので、有機栽培の米は取り扱いが難しい。

（5）販路開拓へ、パートナーを探して役割を分担

新規就農＝専業農家になること、と定義する場合、研修開始はあくまでスタートラインに立つためのプロセスでしかない。研修期間中は、基本となる栽培技術だけでなく、販売技術も同時に身につけなければならない。

栽培技術については穀類の場合、1年に1回しか経験できないので、つねに知識をつけようとする習慣と実地での観察力、また先進農家への訪問などの努力が必要である。そして最終的にできた作物で出来を判断する。

一方販売については、就農後に実際に農産物を売り、売り上げを積み上げることができて初めて判断することができる。どんなによい作物が出来ても、販売して現金にかわることではじめて営農を継続できるのだ。現金を得るまで自分がどのように仕事をするべきか、十分に考えてみてほしい。おそらく、販売するもののない就農当初はアルバイトと並行の営農になると思う。そうだとすると、ひとりで同時にすべてをこなすことはとても難しいので、家族か地域の仲間かはさておき、パートナーを探すことも考えたほうがよいと思う。

私自身のことをいえば、ひとりで就農した初年度は、アルバイトと並行しながらの水稲栽培は、比較的うまくいった。しかし販売については、覚悟していたとはいえ想定以上に売り上げが伸びなかった。販売経験が皆無のうえ、研修中に販売スキルまで十分に身につけることができなかったからだと思う。

現在は「農コン」[*26]で出会った妻と役割分担をしながら地道に活動していくなかで、少しずつ取引先が増えてきている（私が栽培担当、彼女が販売広報担当）。取引先は大手業者から飲食店、米販売店、そしてエンドユーザーまでさまざまである。自分で獲得した個人のお客もいれば、大手の食品加工業者への販売もある。

妻で農園女将の暁さん（左）は、マーケティングや農業体験を通じた国際交流や「田文化交流」（世代や国籍を超えた田んぼでの文化交流）などを手がける

＊26 日本有機農業研究会青年部主催の有機農業に関心のある男女が集う会。不定期開催。http://joaa.blog61.fc2.com/ 参照。

販路開拓については、すべてをゼロから自分で構築していくのか、あるいは既存の販売網に乗せていくのか。単純に二者択一ではなく、自分自身の置かれている環境下でどのような選択が可能かつねに問いかける必要がある。私のコンセプトは、既存のパイを奪い合うのではなく、パイを拡大できるよう、新規の売り先を探していくこと。新しい提案を行ないながら販売の機会を創出していきたい。

(6) 研修先は自分の目でみて探すべし

2年の研修期間を経て、独立して5年目（2016年現在）になる私が、新規就農希望者へまず伝えたいことは、研修先の選び方だ。自分が何を栽培したいのか、またどんな形式の営農を目指すのか、などの方向性を自分で固める必要がある。それを知るためにある程度の農家をまわる必要があるとは思うが、まわることが目的となってしまい、時間を浪費することはあまりおすすめできない。自分のなかで譲れない条件を整理するなかで、どこかのタイミングで研修先を決める必要がある。そのうえで、自分に合うところ、感じとれるものがあるところを探すこと。そしてなるべく短時間でも研修を体験するなどして、何を言ったかではなく、現地で何をしているかをよく観察して決めたほうがよい。

私が研修に入った頃は、現在のような青年就農給付金などの公的援助がなかった。しかしそれゆえ、仮に失敗しても次の研修先へ簡単に行けたのだが、公的援助を受けていると研修先を変える際の足かせになりかねないので十分に注意する必要がある。[*27]

(7) 経営者たるもの、自問をくり返すべし

次に伝えたいことは、ひとつは経営者たろうとする自覚をもつことが必要であること。就農とは小なりといえどもひとりの経営者として農業を営むということだ。農的生活へのあこがれは私自身にもあるのだが、それだけでは継続が難しいと思う。適切な収入を得て社会生活を営み、普通の人々に農

*27 研修先を県をまたいで変更したり、研修を途中で中止した場合などに、給付金の返還を求められることがある。

業で生活できることを範として示せるようであってほしい（もっとも私自身も実践と模索を続けており、偉そうに言うのは気恥ずかしいのだが）。

もうひとつは、つねに自身への問いかけを続けることである。農業という営みは正解がひとつではない。特に有機農業の世界は、十分な研究の蓄積がないうえに、気候や土壌などの地域や圃場ごとの違いがあるので、つねに疑問をもって考えることができなければ、長期にわたって営農を継続することは困難であると思う。

どこで、誰のもとで研修を受けようと、新規就農するにはこれらのことは必須であると思う。もっともすべての研修生が独立して専業農家になる必要はなく、雇用という形でこそ能力を発揮できる人もいると思うので、その点は自分自身よく考え、受け入れ先とも相談したほうがよいと思う。

（8）最終的な目標は次世代の農業者を育てること

私が考える新規就農の姿とは、まず経営者として自立して営農を継続すること。その次に、地域に貢献すること。そしてそこで次の世代を育てることだと思う。

具体的には、取引先も大手業者から一般のエンドユーザーまで分散して偏らない。そうやってリスクを分散して営農を継続する。そして、なるべく補助金に頼らないで経営していくことで、少しでも地域の農地の荒廃を回避し、地域の仲間とともに水路を保全していきたい。また子育てやまちづくりなど社会活動を通じて、地域の人々に有機農業の価値を広め、また持続の重要性を理解してもらえるよう、情報共有していきたい。最終的には、自らの経営の後継者という意味だけでなく、自分がこれまで育ててもらったことへの恩返しとして、次世代を担う農業者を育成する義務があると思う。この報告が読者にとって何かしらの参考になるならとてもうれしい。

独立後の水田にて。手取り除草。平均反収は6俵（品種によっては5俵）

オペレーター作業の実践、納屋の確保……独立と定着率を高めるために思うこと

群馬県藤岡市・有限会社古代米浦部農園　浦部真弓

浦部農園[*28]の発足は1990年。元東京都職員の夫・修と当時難病を抱えていた私と、二人三脚で有機農業を始めた。2002年に法人化して研修制度を立ち上げ、2005年からは毎年1～4人の研修生を受け入れてきた。すでに12人が就農し、ほとんどが非農家出身者だ。研修は2年間。栽培技術のほか、販売・経営のノウハウ、農業関連の法規・制度などについても細かく指導している。

農園は現在35ha（米、ムギ、ダイズ。全圃場でJAS認証を取得）。高齢期に入ったわれわれ夫婦に替わり、血縁に頼らない事業継承を進めるため、研修生ではあっても農園の中核を担う人材教育にも力を入れており、3～5年のうちに実現するべく努力している。

大型農機の研修は自腹覚悟　受け入れ農家への支援が欲しい

農園では、就農希望者がここを最後の研修場所にして独立できるよう、実践的な研修を心がけている。特に農業機械の習熟を重視し、研修1年目で大型特殊免許を取得させ、トラクタやコンバインなどの扱いを徹底指導する。現代農業ではどんな分野であれトラクタなどの作業は

*28 浦部農園のHP http://kodaimai.sakura.ne.jp/

必須だが、大型農機は高価なので未経験者に使わせることをためらう農家は多い。免許取得の講習会でも道路走行までの指導で、作業機をつけて指導を行なってくれるところは皆無といっていい。当社では免許取得後はオペレーターレベルまで指導するが、2年の研修期間中はひとりあたり40万円くらいは損害を与えてくれる。また、こうしたトラブルで機械の耐用年数も短縮してしまう。

軽トラをつぶすくらいは、1回や2回ではない。シャフトを折っただの、エンジンを焼いただの、ベテラン農業者では考えられないようなトラブルは毎日のようだ。しかしこうした損害を補填《ほてん》してくれるものは何もなく、保険も農業機械は車両保険がないので自損事故は弁済されない。

それでも農機に乗せないかぎり農業者として独り立ちできないし、独立はおろか雇用であっても、単純低賃金労働者の道しか残されなくなってしまう。それゆえ当社では、研修生に技術を習得させて就農の定着率を高めているが、その負担は相当なものである。せめて耕起、代かきくらいは学べる公的機関の研修体制をつくれないものか。研修先にまかせるかぎり、習得できる技術が研修先によって大きな差が出てしまう。研修を受け入れる側も営利企業である。あまりに負担が大きいと研修生育成の事業から撤退したくなる。ぜひ検討していただきたいところだ。

納屋の入手にひと苦労
非農家出身者への配慮を

新規就農の際、農地や機械、資金、販路の確保など、乗り越えるべき壁がいくつかあるが、特に非農家出身者にとって最大のネックは、実は納屋（農作業所）の確保だ。農機を収納でき、乾燥調整設備を設置できる納屋がないと新規就農計画は認められない。さらにいえば、納屋の建設費用は融資の対象だが、その土地を入手するための支援がない。結果、「農業者」以前の若者は農地も借りられず、公的融資も得られない。

廃業する農家は、機械は中古で処分したり農地は貸し出すが、納屋は家の敷地内の奥まったところにあるため、空いても貸さないことが多い。作業所つき農家住宅が売りに出ても、たいてい農地とセットのため、プレ農業者である新規就農希望者には購入資格がない。新規就農者に対する融資等資金の支援は格段によくなっているが、非農家出身者への配慮がまだまだ足りないように思う。これもたとえば公的機関が共同作業所を開設し、一定期間、貸し出すことができないものだろうか。

いま最も農業に熱い志を抱いているのは、圧倒的に非農家出身の青年たちだ。彼らは消費者目線をもっているので新たな可能性を切り拓く力があり、チャンスさえあれば必ず成功する。雇われてする農作業は過酷だけれど、自らが主体的に行なう農作業はとても魅力的。自分で計画したり段取りして、収益を手にできる経営であれば、農業ほどすばらしい職業がほかにあろうか。農業人であることほどすばらしい人生がほかにあろうか。彼らの現実的、かつ希望に満ちた農業人生を応援していきたいと思う。

コラム

家族経営を引き継ぐために――いま何が求められているか？

東京農業大学国際食料情報学部教授　内山智裕

新規就農者の4割が非農家出身

我が国農業の将来を左右する新規就農者には、農家の後継者、農業法人等の被雇用者（雇用就農者）、農外からの新規参入者がある。農林水産省の統計によれば、2012～2014年の44歳以下層では、農家の後継者が9000～1万人、雇用就農者が5000～6000人、新規参入者が2000人、毎年就農している。雇用就農者の8割は非農家出身者であるため、新規就農者全体でみれば、約6割が農家出身、4割が非農家出身となっている。

すなわち、今日においては、非農家出身者の就農ルートも亜流とは呼べない規模にまで拡大している。よって、家族経営の継承も、農家出身者・非農家出身者それぞれを想定して検討すべきである。

親子間継承の決め手はコミュニケーション

まず、農家内での継承について検討してみよう。近年の農林業センサスの結果をみると（図1）、「同居後継者がいる」販売農家は、絶対数・割合とも2000年以降下がっている。特に2010年から2015年にかけて、「同居農業後継者がいる」割合は、40％超から30％弱まで低下した。一方、「農業後継者がいない」販売農家[*29]は、常時60～80万戸あり、販売農家数の減少にともない、その割合を上昇させている。

＊29　「販売農家」とは、経営耕地面積が30a以上または農産物販売金額が50万円以上の農家をいう。

図１　販売農家における農業後継者の有無

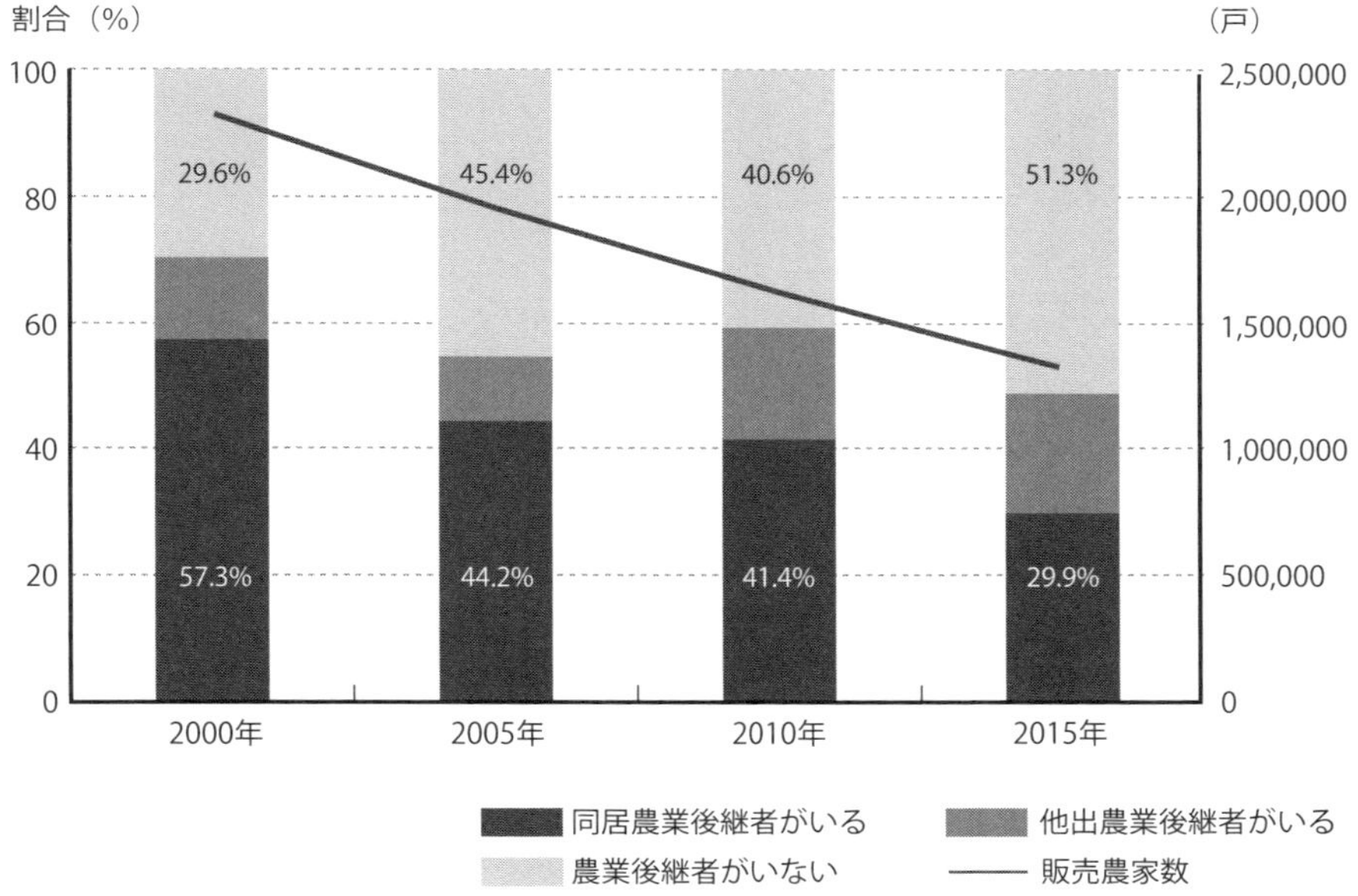

＊出所:「農林業センサス」各年版

表１　農業後継者確保率ワースト10道県　(2015)

道県名	後継者確保率(同居＋他出)(%)	農業産出額全国順位(億円)
北海道	29.1	1
鹿児島	35.0	3
宮崎	38.5	5
群馬	39.1	12
熊本	41.4	6
高知	42.6	30
静岡	43.0	15
千葉	43.2	4
愛媛	44.7	26
山形	45.1	16

＊出所：生産農業所得統計平成26年(「2015農林業センサス」)

図２　引退について家族と話をしている経営者の割合

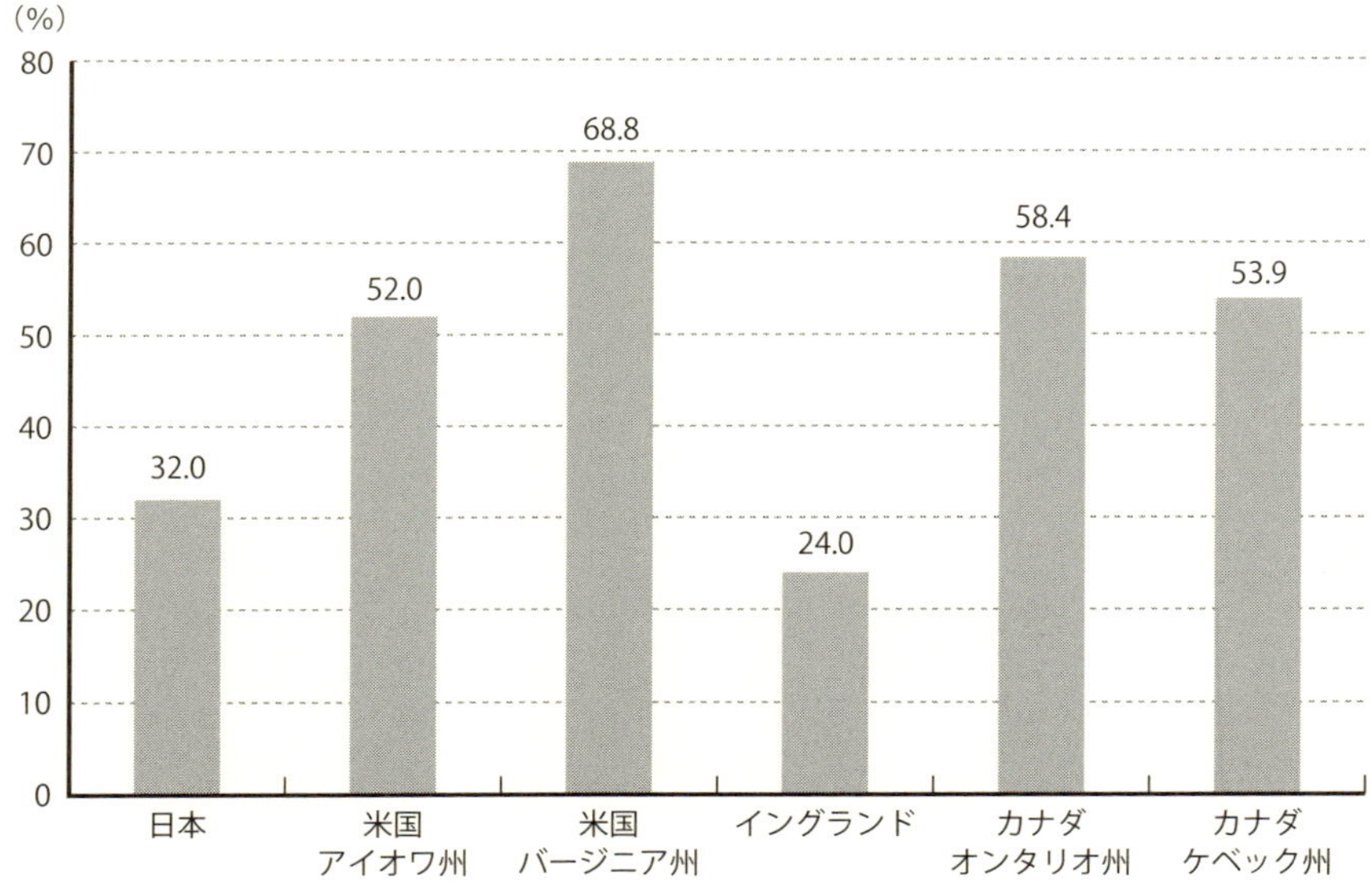

＊出所：Uchiyama. T. et al. "Dimensions of Intergenerational Farm Business Transfers in Canada, England, USA and Japan" *Japanese Journal of Rural Economics* , 79(5), 2008、pp.33-46.

これを都道府県別にみると（表1）、2015年の農業後継者（同居・他出含む）の割合は、北海道や鹿児島県など農業産出額が多い道県でも低くなっている。都道府県単位での農業産出額の大きさが、個々の農業経営における収益性の高さを示すとはかぎらないが、「農業が盛んな地域のほうが農業後継者を確保しやすい」わけではない。

次に、実際の継承場面における課題として指摘できるのが、親子間継承における経営者と後継者とのコミュニケーションの問題である。筆者らが2001年に調査した結果によれば、我が国の農業経営者は、自らの引退について家族と話をする割合が低い（図2）。「自分の子供は農業を継ぐ気はないし、継がせるつもりもない」と言う農業経営者は少なくないが、子供の就農意思を実際に確かめている割合は低いと思われる。家族内でコミュニケーションを充実させ、経営の強みを引き継ぎ、発展させることが重要であり、「家族経営協定」などの取り組みが有効であると考えられる。

第三者継承のメリットと課題

次に、非農家出身者への家族経営の引き継ぎについて考えたい。優秀な農業経営者が優良な農業経営を確立したとしても、その子供が継承しないリスクはつねに存在する。その際に有効な対策と考えられるのが、第三者継承の取り組みである。第三者継承とは、①後継者不在の農業経営（移譲希望者）が、②農地や機械、施設などの有形資産と無形資源（技術・ノウハウなど）を、③家族以外の者（継承希望者）に、受け渡して事業を継承していくことであり、農林水産省も「農業経営継承事業」により第三者継承を支援している。

第三者継承には、さまざまな効果が期待できる。第一に、移譲希望者に後継者がいない場合、篤農家の熟練、技術やノウハウ、顧客からの信用は消失してしまい、社会的損失ともなる。これを第三者継承によって受け渡していくことができる。また、このような技術やノウハウは、文書などでわかりやすく説明できないものも多いため、第三者継承が有効となる。

第二に、継承希望者からみれば、経営資源をゼロから確保・構築していかなければならない新規参入に比べ、第三者継承では一定の規模である程度完成された生産・販売システムを最初から確保できる。よって初年度から売り上げや所得の見込みが立てやすく、成功の可能性も高まる。

第三に、地域農業の視点からは、地域農業のなかに新たな人材を確保・育成するという積極的な地域戦略として第三者継承を位置づけることができる。地域農業をひとつの経営と考え、地域で受け継がれてきた技術や栽培ノウハウなどさまざまな知的財産を維持・継承する手段としても第三者継承は有効である。

一方、第三者継承にもいくつかの課題がある。その最大のものは、第三者継承がさまざまな面で「例外的」な取り組みであるため、的確なマッチング、適切な資産評価および譲渡方法の策定など、クリアすべき課題が多いことである。現状では当事者や関係者の創意工夫によって取り組まれているが、今後の取り組み拡大のためには、第三者継承アドバイザーのような人材が不可欠となるだろう。

新規就農に共通する課題

最後に、農家出身者・非農家出身者に共通した課題・論点を何点か指摘しておきたい。

第一に、生活基盤の確保である。新規就農者の拡大・定着に向けては、営農基盤の確立が注視されることが多いが、生活基盤は見落とされがちである。かつて、新規参入者の課題として、地域社会との「融和」が指摘されていた時期がある。農村部には都市部とは異なる文化や人間関係があり、都市部から移住した新規就農者はそれらに「慣れ」、地域側も新規参入者を「受け入れる」必要があるというものである。

ただし、昨今の農村地域の現状からすれば、たとえば、若い就農者に子供がいるとすれば、教育・医療などの生活インフラが整っているかが課題となる。また、就農者の配偶者が農業に従事するとはかぎらない。農業をめぐる状況が不確実性を増すなか、家計の安定のために配偶者が農外に就業することも有効な手段となる。このように、就農に向けた環境整備という点では、農業だけでなく、生活面を含めた支援を講じることが、ますます重要性を増すだろう。

第二に、農業就業人口の趨勢《すうせい》に対する考え方である。経済発展にともない、農業就業人口割合が低下することはいわば必然である。表2は、先進各国の経済活動人口に占める農業の割合の推移をみたものである。最も割合が低いのは英国であり、1980年時点で2・6%、2010年には1・5%へと低下している。一方、我が国のそれは、1980年には11%と高い割合を占めていたが、2010年には2・2%と急速に低下している。そして、いずれの国も農業従事者の割合は低下傾向にあるが、その数字はほぼ同じになっていくようにみえる。我が国も農業就業人口は今後も引き続き減少することを前提としなければならない。

表2　経済活動人口における農業の割合

単位：%

	1980	1995	2010
日本	11	5.4	2.2
英国	2.6	2.0	1.5
フランス	8.3	4.3	2.0
ドイツ	6.9	3.2	1.6
米国	3.5	2.4	1.6

＊出所：「世界食料農業白書2010–11年報告」国際農林業協働協会、2011年

第三に、若い新規就農者数の増減は、農業の動向よりも我が国の経済全体の動向の影響を受ける。図3は、我が国における完全失業率と39歳以下の新規就農者数の推移を1990年以降について示したものだが、両者の間には、比較的明瞭な逆相関の関係がみられる。すなわち、景気が悪くなれば就農者が増加し、景気がよくなれば減少している。若い新規就農者数は、農業界の努力によってではなく、景気動向に左右

図３　完全失業率と39歳以下の新規就農者数の推移　（1990～2013）

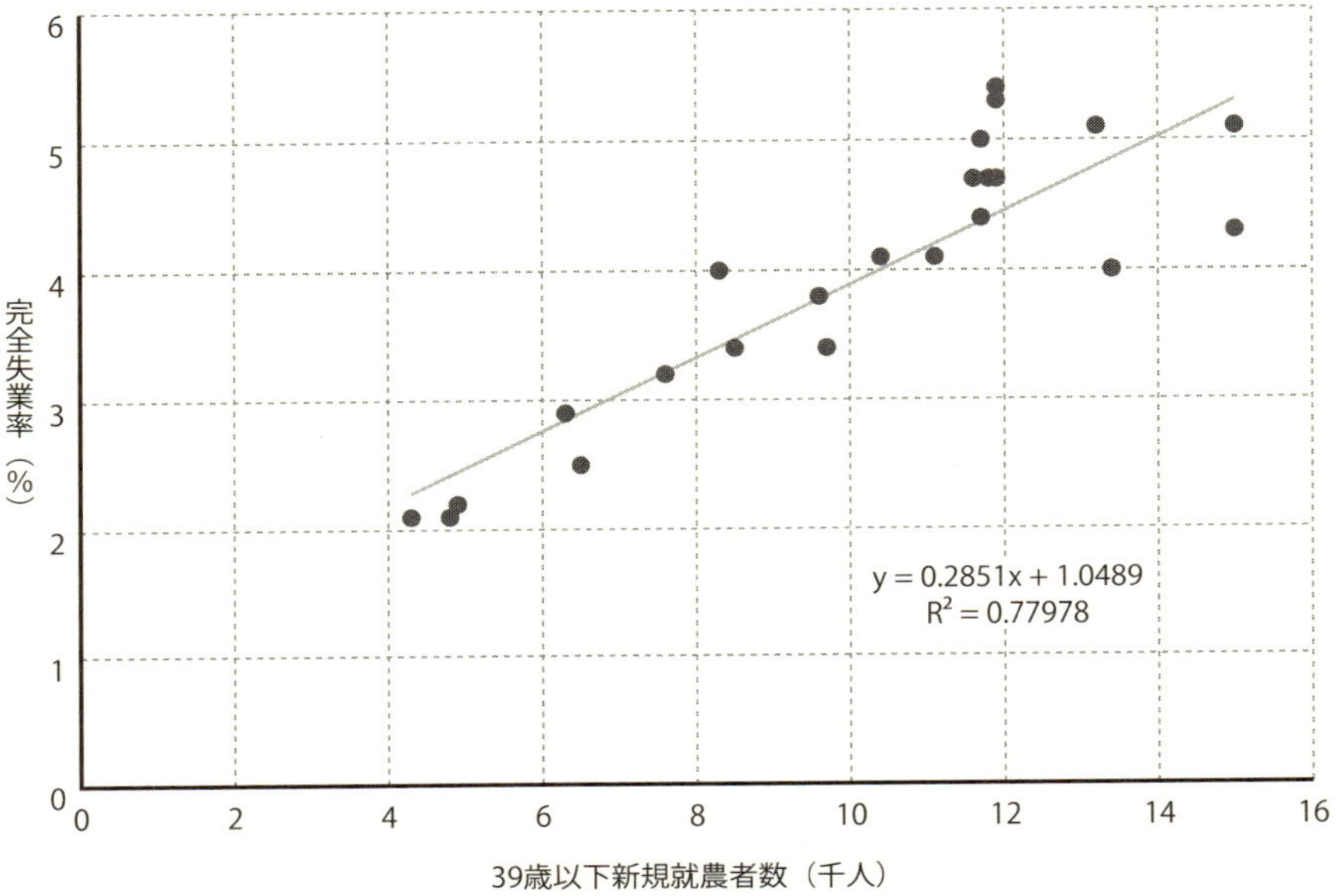

＊出所：総務省「労働力調査」、農林水産省各種統計

されている面は否めない。もちろん、景気が悪くなればなるほど新規就農者が増えると考えるのは早計である。当然のことながら、景気の悪化は農業経営の収益性にも悪影響をもたらす。

このように、家族経営を引き継ぐにあたっては、「儲かる農業を実現すれば後継者が就く」という単純な構図ではなく、さまざまな要素が関連しているのである。

第3章

集落営農・農業法人の職員になる

集落営農とは、集落単位で農業の一部または全部を共同して取り組むこと。後継ぎ難や、農地や機械利用の合理化などの観点から、集落営農組織は全国にたくさんでき、法人化したところも多い。いま創設から10年程度がたって、後継者をどうするかが大きな課題となっている。

この章では、組合員を一戸複数参加制にして後継者としての自覚をもたせようとしているところ、地元の若者を中心に、農作業に従事する職員を採用しているところ、職員として雇用しつつ農家としての力を蓄えさせているところなどの工夫をみる。

組合員を一戸複数参加制にして、一気に若者7人を確保

島根県奥出雲町・農事組合法人三森原　取材・執筆／編集部

農事組合法人三森原（みもりはら）

島根県仁多郡奥出雲町八川地区の一集落一農場型の集落営農法人。設立は2000年。構成員数は17戸。2006年に法人としてエコファーマーとなり、同年町内の6法人とともにLLP横田特定農業法人ネットワークを設立、プライベートブランドのエコ米の生産・販売に力を入れている。2016年の経営面積は米10・2ha、ダイズ・ソバ1ha、花卉園芸0・8ha。

「集落営農を立ち上げて、なんとかここまでやってきたけど、若い人がいない。この先どうやって世代交代していくのかが一番の問題……」

よく聞く話だ。2007年に国が実施した品目横断的経営安定対策[*1]に合わせて設立された集落営農法人が多いが、それらの集落営農法人は設立して10年になる。世代交代が必要になっても、それを実現させるのはなかなか難しいのが現実だ。

そんななか、島根県では、集落内に住む若者を後継者として何人も迎え入れ、スムーズに世代交代している集落営農法人が増えているという。多くの集落営農の立ち上げや後継者育成にかかわってきた県の普及指導員である今井裕作さんによると、「島根県内では現場の創意工夫でおもしろいやり方が広まってます」とのこと。

いったいどんなやり方なのか。最初に取り組んだのは奥出雲町の農事組合法人[*2]三森原らしい。長年この法人の理事を務めてきた佐伯徳明さん（75歳）を訪ねた。[*3]

（1）10年たって後継者が問題に

神話の里と呼ばれる奥出雲町のシンボルのひとつ「おろちループ橋」から南に少し下ったところに三森原集落がある。標高500mほどの山の中の集落だ。「古文書をみると、昔はたたら製鉄の炭焼きで栄えていたそうですが、いまは16戸ほどのオール兼業農家の集落です」と佐伯さんが説明してくれた。

集落営農法人ができたのは16年前の

農事組合法人三森原の元理事である佐伯徳明さん。町内の六つの集落営農がメンバーとなって機械の共同利用や米の共同販売をしているLLP横田特定農業法人ネットワークの代表幹事も務める

*1 「戦後農政の大転換」をうたい、第1次安倍政権のもとで導入された農業政策。構造政策を強力に進める観点から、都府県の個別経営で4ha、北海道で10ha、集落営農で20ha以上の経営体だけを交付金（米・ムギ・ダイズなどに対して一括交付）の対象とした。担い手選別政策として批判も多く、2007年参議院選挙における自民党大敗の一因となった。

*2 農事組合法人については、224頁参照。

*3 本節は『現代農業』2016年11月号の編集部取材記事を収録した。年齢や肩書きなどは掲載時のものである。

2000年。かつては平均70aほどの田んぼ（集落全体では約12ha）を個々の家で耕作していたが、なけなしの金を機械代にまわすのはつらいので、機械の共同利用から始まった。その後、集落の生活を維持するためにも法人化したほうがいいということになり、全戸が参加する形で一集落一農場方式の法人ができた。このときに中心になったのが、佐伯さんを含めた当時60歳前後の3人だった。

法人ができたおかげで、機械貧乏になる家もなく、集落内の田んぼを維持できるようになった。母ちゃんたちも張り切って、転作ダイズを使った味噌づくりやもち加工なども始まった。法人経営は順調にスタートしていった。

そして10年が過ぎた。佐伯さんたち首脳陣3人は70歳前後。ほかのメンバーも当然10年歳をとり、病気になった人もいる。そろそろ世代交代が必要だと話し合い、まずはそれぞれの家にいる20～40代の息子世代に目を向けた。

谷すじに家が点在する三森原集落

（2）息子世代を一気に7人ゲット

息子世代はみんな勤めていたが、いまから法人の組合員になってもらえば、集落のことにも早く関心をもてるし、父親がポックリ逝ったときに急に組合員になれと言われるよりは世代交代もスムーズにいくと考えた。しかし農事組合法人の組合員は、その家の世帯主がなるのが常識だ。1戸から2人参加してもいいのだろうか。

調べてみると、農協法では、農事組合法人の組合員資格は「農民（農業を営む個人または農業に従事する者）」であることが条件となっている。いわゆる兼業農家のように、土日に作業をすれば、農業の従事者と位置づけられる（農協法では従事日数については定めていない）。

また、息子世代が組合員になれば、作業に出た時間に応じて従事分量配当*4（労賃）を本人に支払え

*4
農事組合法人において、剰余金を従事時間や従事内容に応じて組合員に配当するもの。詳しくは224頁。

る。これまでは頼まれて草刈りなどをしても、労賃はすべて父親（組合員）の口座に振り込まれていた。これでは責任感も生まれないし、モチベーションも上がらない。

一戸複数参加制にして、息子を組合員にするメリットは大きい。そこで息子たちに声をかけてみると、7人全員が抵抗なく了承してくれた。いずれは自分たちがやるので当然だという雰囲気だった。了承を得たところで、7戸については、出資金の持ち分を父親から息子に半分譲渡することにした。出資金は面積割りで10aあたり5万円。平均すると70aなので1戸あたり35万円ほど。この半額分を息子に譲渡して、正式に組合員として迎え入れたのだ。ちなみに、出資金の譲渡は110万円以上だと相続税がかかるので注意が必要だ。

ベテランが後継者世代の若者にダイズの播種を教えているところ

（3）子供を集落に残すためのプロジェクト

「世代交代をスムーズにするための工夫として一戸複数参加制はよかったんですが、それよりも大事なことがあるんです。子供たちをいかに集落に残すか、そういう雰囲気をいかに醸成するかということなんです」

確かに、息子世代が都会に出てしまって家にいなければ、声もかけられない。

「実は法人を立ち上げるときに、農事組合法人の欠点についても考えました。それは誰かがやってくれるだろうという気持ちが広がること。そうなると、集落に目を向けない人が増えてくる。一番怖いのは、その雰囲気が子供たちにも伝わってしまうことなんです」

そこで、三森原では法人を立ち上げる前から、集落共生の機運を高めるべく、特に子供たちが集落を好きになるようなさまざまな取り組みをした。たとえば2年に1回は集落全員で家族旅行に行った。子供たちの学校があるので日帰りだが、広島の水族館に行ったり、岡山の蒜山《ひるぜん》高原に行ったり、バスを貸し切って総勢30人ほどでにぎやかに出かけた。そのほか夏祭りと称してバーベキューをしたり、親子2人で獅子舞を組んで集落内を1軒1軒まわる門付けを復活させたり、収穫祭にはそば打ちをしたり、みんなで楽しくできることを意識的に増やしていった。

「そのおかげでしょうね。われわれの息子世代はほとんど家に残りました。うちの息子もそのひとりなんですが、実は農大を出て国家公務員の試験をパスして山口の園芸試験場に就職が決まっていたんです。が、私が地元の農協の試験も受けてみないかと言ったら、いいよ、と言ってくれた。それで試験を受けてパスしたあと地元に残る、となったんです」

息子世代の勤め先はJAや森林組合、建設業などだ。勤め先があることで集落に若い世代が残ることができる。勤め先があるということは、集落維持にとっても大きい。「いまの時代、自分の子供に農業をやれとはなかなか言いにくいんですよ。でも気持ちとしては家に残ってほしい。だから集落で一丸となって、集落のよさを子供のうちから感じてもらえるようにしてきたわけです」

農事組合法人三森原が掲げる理念は「集落が豊かになることが、自分が豊かになること」。まずは集落を大事にするという考えだ。昔からある共助の心を大事にし、さらに自助の精神ももっていけば、不便な山奥の地域でも一人ひとりが豊かに暮らせると佐伯さんは思う。

毎年8月に獅子舞で集落1軒1軒をまわる行事(門付け)を復活させた

（4）世代交代もスムーズに

息子世代には、「習うより慣れろ」の精神で機械作業もどんどんやらせていった。トラクタを石垣にぶつけたり、湿田にはまって抜け出せなくなったり、最初はトラブルも多発した。修繕費は高くついたが、それは後継者育成のための必要経費ととらえ、アクシデントもレクリエーションのうちと考えた。おかげで若者たちは、いろいろなことをまかせられる存在になってきた。

そこで若者7人を迎えた2年後に、それまで法人の舵取《かじと》りをしてきた佐伯さん世代の理事が初代組合長も含めて一斉に引退し、ひとまわり若い世代にバトンタッチした。現在の組合長は三代目。おそらく次の役員は、7人の誰かが担うだろうと佐伯さんは思っている。

うちでもやってみた。後継者を一気に6人ゲット

島根県飯南町・農事組合法人長谷営農組合　和田幹雄さん

なるほど、これならうちでもできそうだ

長谷集落で集落営農法人を立ち上げたのは2008年です。それまでは任意の機械利用組合[*5]が長かったんですが、政策的なこともあって法人化することになりました。全部で33戸、農地面積は30 haほどです。

法人を立ち上げて3年目に「集落営農ビジョン塾」というセミナーに参加して、集落のみんなで課題を出し合った

長谷営農組合の組合長である和田幹雄さん（68歳）

*5　農業機械の更新は農家の存続の大きな妨げとなることから、集落営農組織は機械の共同利用組合から出発することが多い。組織として機械を共同所有するか、個人の機械を借り受けて、オペレーターが作業することで、経営を合理化することができる。

り、将来の夢を語り合ったりしました。そこで課題として出たのが後継者の確保だったんです。それじゃ、若い世代をどうやって取り込むかというときに、ビジョン塾を主宰していた県の普及指導員が三森原の話をしてくれました。一戸複数参加制のことを聞いて、なるほど、これならうちでもできそうだと思いました。

組合員は父親でも、草刈りなどの作業は息子が出る場もあるんです。そうすると従事分量配当として支払うお金は父親に支払われてしまう。でも本人がもらえれば、若い人たちには励みになるし、組合の仕事にも積極的にかかわってもらえる。そう思って一戸複数参加制に変えたわけです。

後継者たちは機械作業がうまい

息子がいる世代を1軒1軒まわって、組合員になってほしいと話しました。そうしたら、二つ返事でOKだったところが6戸。いずれも30～40代の若者で、その6人が組合員になってくれました。彼らはみんな勤めているので、基本的には土日に作業に出てもらってます。草刈りなんかの人手が足りなくなってきているので助かりますね。年寄りみたいにすぐに休憩しないし（笑）、機械作業もうまい。特に建設関係の仕事をしている人は重機に慣れているんでしょうね、本当にうまい。感心します。

うちの場合、出資金は1戸につき1口5万円の5口（25万円）なので、そのうち1口か2口を息子に譲渡するようにしています。

私はいま68歳、もうすぐ70歳です。来年は組合長を若い世代に譲ろうと考えています。その次あたりの役員などは今回入ってくれた若い人たちが担ってくれるんじゃないかなと思います。

（まとめ編集部）

法人を立ち上げたときから一戸複数参加制に

島根県飯南町・農事組合法人草の城　森山　敏さん

私たちの宇山集落では、集落活動は昔からさまざまやってきましたが、法人化したのは3年前なんです。法人化するときに、県内の事例などを参考にして、いいなと思ったところは取り入れていきました。組合員の一戸複数参加制もそのひとつだったと思います。

戸数は全部で15戸。そのうち5戸は最初から父親と息子の両方が組合員として参加しています。若いうちから集落にかかわってもらうと、責任感も出ますし、彼らもそのほうがおもしろいみたいです。うちでは理事も最初から若い人を入れています。理事4人のうち2人は60代ですが、ほかは50代と30代。10年、20年先のことを考えると、若い世代にいまから経営にもかかわってもらうと、ゆくゆくは世代交代もしやすいと思います。

（まとめ編集部）

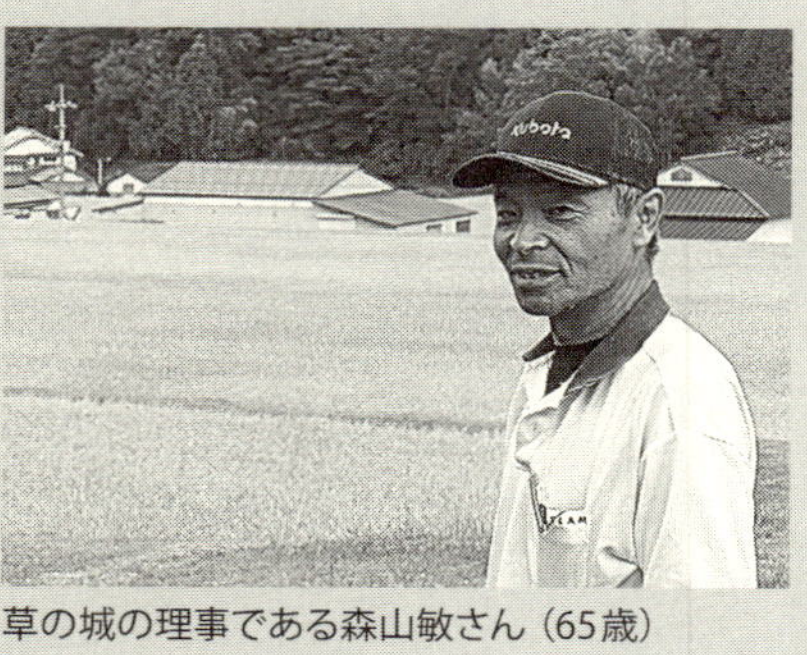

草の城の理事である森山敏さん（65歳）

若者を次々と雇用する集落営農組織

山形県山形市・農事組合法人村木沢あじさい営農組合　取材・執筆／編集部

農事組合法人村木沢あじさい営農組合

山形市西部、旧村・村木沢、若木の15集落２６３人が組合員の大型集落営農組織。組合長は開沼（かいぬま）雅義氏。２００１年に転作受託組織としてスタートし、現在は、ダイズ・小麦・ソバの2年3作による転作がメイン。２００６年特定農業団体に、２０１３年には法人化した。現在理事４名、従業員９名、臨時作業員２名。２０１６年度の作付総面積は１２５ha（うち93haが団地化）。加工部門では、悪戸（あくと）イモの「洗いイモ」、味噌（秘伝、里のほほえみ）などを生産するほか、「ゆきちからラーメン」「でわかおりそば」などを製麺会社で委託生産している。

山形県山形市村木沢地区

村木沢あじさい営農組合（以下、組合）は、山形市郊外、旧村・村木沢全体を束ねる県内最大規模の農事組合法人だ。この組合は法人化して以来5年足らずのうちに、農作業担当として7人の若者を雇用してきた。

農地の引き受け手がいないという現実に気づく

組合のスタートは2001年にできた転作受託組織*6である。ばらばらに行なわれていた転作を1ha以上団地化*7すれば、農業機械を効率的に活用できるし、市の補助金が加算された。転作作物には手間のかからないソバを選び、地域リーダーである農協理事や農業委員、生産組合の役員などが自分の機械をもち寄り、作業を請け負った。

品目横断的経営安定対策*8の導入が決定された2005年には、転作組合を集落営農組織にするために全15集落で話し合いを進め、翌年には特定農業団体*9を設立した。2005年から2009年にかけて、土地改良事業を実施し、75haに地下水位制御システムを導入した。湿害の心配のない「畑地化水田」で、ダイズ→小麦→ソバの2年3作の輪作体系が確立した。

さらに、2013年には農事組合法人へ――と、このように書くと、法人化まで一本道のようにみえる。確かに特定農業団体は5年以内に法人化するのがタテマエであり、行政にも再三すすめられていた。だが、代表理事の開沼雅義さん（70歳）によれば、「当初、役員の頭に『法人化』の3文字はほとんど浮かんでいなかった」という。

代表理事の開沼雅義さん

＊6　個別経営から転作の作業を請け負う組織。

＊7　同一の作物（ここでは転作のソバ）を栽培する農地を集積して、機械作業を効率的に進め、農業経営の合理化を図ること。

＊8　100頁＊1参照。

＊9　法人格をもたない任意の集落営農組織のうち、経営の主体として実体を有する組織については、農業経営基盤強化促進法によって、5年以内に農業生産法人となることなどを要件に、農地の利用集積（農作業の受託）を行なう主体として認められた。

その意識を変えたのは年々大きくなる後継者不足への不安だった。年1回開く集落座談会では、組合員から「農業は俺の代で終わり。5年経ったら、あとは組合のほうでよろしく」という声が相次いだ。「よろしく」と言われても、どうにかなるものではない。転作組合を立ち上げた当時、50代、60代だった役員たちもその頃には60代、70代。まだまだ元気とはいえ、5年後、10年後は果たしてどうなっているか。山形市近郊だけに、組合では定年退職後の兼業農家にオペレーターとして働いてもらうことも多かったが、その人たちとて高齢になって先細りである。

こうしたなか、村木沢地区内の1・2haの農家が1軒離農した。だが、その人の田んぼを引き受けようという農家がなかなか現れなかった。認定農業者[*10]も13人ほどいたのだが、それぞれ野菜やサクランボで忙しく、手が出せない。近年は認定農業者の数そのものも病気などで減り始めた。13軒のうち跡取りのいる農家は2軒だけ。いよいよ組合として農地を引き受ける態勢をつくるしか地域農業を守る道はないと思われた。

配当を削っても後継者を育てる決意を固める

2011年に東日本大震災の緊急雇用対策事業(ひとり300万円)で2人を雇った経験から、このような形で、組合として農作業に携わる若い職員を常雇《じょうやと》いし、後継者として育てる道もあると気づかされた。雇用するためには法人化が必要だ。そこで組合が役員を派遣して行なう集落座談会で、組合員を説得することにした。

法人化し新たに人を雇うということは、組合員からみれば、直接的には従事分量配当による取り分が減ることを意味する。それまでは転作に出すと、小作料(最高2万円)プラス耕耘《こううん》2回、年2、3回の畦畔《けいはん》管理による従事分量配当を合わせて、10aあたり7~8万円が組合員に還元されていたのである。

*10
224頁参照。

座談会では組合員から、「そこまでしなくても」と異論も出たが、思わぬ援軍もあった。建築業などを兼営している農家などが、事業主でもある立場から「やはりいまの時代は農業も法人化して、若い人を雇う必要がある」と賛成してくれたのだ。

それぞれが担当作物に責任をもつ

組合では2013年に法人化して以来、農作業担当として7人の若者を雇用してきた。2013年に3人、2014年に2人、2016年に2人（それぞれ2年間は「農の雇用」[*11]を活用）。

できるだけ村木沢の中学校区の範囲内で、ライスセンターやサクランボ農家でアルバイトをしていたり、冬場にガスボンベの配達をしていたりといった、定職をもっていない若者に声をかけていった（2016年はハローワークを通じて募集）。結果として、地元出身者ばかりとはいかず、村木沢村内が3人、山形市内が2人、県内他町が1人、県外出身者が1人となっている。

トラクタに乗ってサトイモ畑に高ウネを立てる新入職員の遠藤純弘さんと、3年目の成田雄さん（左）。手前で見守るのは定年退職後、2016年から作業員となった鈴木光夫さん（69歳）

「農メンズ」と呼ばれる後継者7人は20代から40代そこそこで、農業経験は主任の向《むかい》田《だ》奨《すすむ》（35歳）さんを除けば、ほとんどない。そこで、まずはイネ、ダイズ、ソバ、ムギ、タマネギ、サトイモというようにそれぞれに主要作物を割り振り、担当理事をつけて技術的な指導・助言を受けさせるようにした。

「何ごとも指示待ちはよくない」（開沼さん）という考え方から、「農メンズ」はそれぞれの担当作物

＊11 新規就農する人を従業員として雇用した農業法人などに対して、ひとりあたり、年間最大120万円を最長2年間、支給する制度。詳しくは222頁。

について作業の段取りから、時には作業員の雇用計画まで、自分の頭で考えるようにしている。作業の都合によって担当以外の作物に従事することもある。だが、担当する作物については担当者が責任をもつということだ。

経験のない「農メンズ」にとって効果的だったのが「年間作業計画」「週間作業計画」の活用である。初年度の２０１３年があまりにも手さぐり状態だったため、翌年から導入したものだが、経験を蓄積し、作業の見通しを立てるうえでおおいに役立ったという。

毎週月曜と木曜には午前8時に理事と「農メンズ」を含めた従業員が事務所に集まり、予定表をみながら、作業の詳細を打ち合わせていく。計画表は肥料や農薬の量や作業面積などを含めて、スケジュールがひと目でわかるようになっている。

週２回行なわれる朝のミーティング。理事と若い職員が週間作業計画を手に打ち合わせをする

担当作物は数年おきに変更し、おのおのがひととおりの作物を経験するようにしていく。「農メンズ」は全員が日本農業技術検定[*12]を順次受験するという。

親元就農より雇用の道を選ぶ

「農メンズ」のリーダー格で主任の向田奨さんは２０１３年の法人化とともに組合の職員となった。奨さんの父は地元村木沢の農家で、この組合の理事を務める向田孝一さん（61歳）。奨さんはその次男である。

山形市内のメッキ工場に勤めていた奨さんに、組合への就職をすすめたのは、父親の孝一さんでは

＊12 農業を学ぶ学生や農業を仕事にしたい人のための検定試験で、3級、2級、1級とより高度になる。2級には農業機械を使った実技試験も課せられるが、2級、1級を学科試験だけ受験することも可能。実施主体は日本農業検定試験協会で、事務局は全国農業会議所内にある。

なく、前理事のKさんだった。Kさんとはサクランボ畑やライスセンターのアルバイトで顔を合わせたことがあった。結婚してすでに家も建て、メッキ工場では正職員に昇格していた奨さんにとっては難しい選択だったが、組合の職員として健康保険や休み、退職金、年金など福利厚生面が保障されていることは大きな安心材料となった。

向田孝一さん（右）と奨さん親子

もともと農業に関心があった奨さんは、20代前半の頃、一時実家の農業に従事したこともある。まだ独身でどうしてもそれで食っていこうという覚悟が定まっていなかったこともあるが、長続きしなかったのは、これで果たして結婚して所帯をもてるだろうかという不安もあったという。

メッキ工場では、おもにプリンターの部品にクロムメッキをかける仕事をしていた。仕事は単調で、納期が迫れば、20時、21時くらいまで残業しなければならなかった。組合では、農作業の関係で土日に必ず休めるというわけではないのがつらいところだが、帰宅時間は割合、規則正しくなった。何より、農業の仕事には作目や季節による変化があり、自分の工夫で成果が積み上げられることが張り合いになる。

奨さんは初年度（２０１３年度）、ダイズの担当だった。最初は手さぐりの連続だったが、作業計画をつけ続けたことで、年間の作業が見通せるようになってきた。当初は川向こうの転作組合に収量も品質も遠く及ばず悔しい思いをしたものだが、２０１３年の反収１００kg程度から翌年は２４０kg程度まで伸び、品質もだいぶ向上してきた。いまは主任として、作業全体の調整もまかされている。隣の上山市に妻と幼い2人の子供と住み、クルマで15分ほどの組合に通っている。

あらためて自宅の農業を継ぐつもりはないかと奨さんにたずねると、「そのつもりはないです」ときっぱりした答えが返ってきた。いま奨さんは組合の職員としての農業に従事することに誇りと責任を感じているようだ。

農メンズ一人ひとりの経歴は表のとおり。職歴をみれば、温泉施設の調理師、コンピュータの保守管理会社のシステムエンジニア、運送会社の配送担当社員など、さまざまだ。奨さんのような地元の専業的な農家の子弟は例外的で、兼業農家や非農家など、農業後継者候補とはあまりみなされない若者が、組合の職員募集によって農業という仕事を選択することができた。それは法人化の効果といえるだろう。

多角化する経営の担い手として

農事組合法人となって、村木沢地区の地域農業における組合の存在はますます重くなっている。特定農業団体の頃は、転作作業だけを受託し、米は組合員が個別に栽培する「枝番方式」がとられていたが、法人化以降は、稲作も含めて直接組合が担うようになった。稲作の受託面積は25 haにのぼる。少人数で地域農業を面的にカバーする必要から、転作も土地利用型作物を中心にせざるを得ないし、転作助成金をしっかりもらうことが経営の軸となるのは当分変わらないだろう。そのなかでも組合は

農メンズのメンバー

	出身地	勤続年数	年齢	前職
勝実さん	山形市内（隣村）	3	36	農作業アルバイト
奨さん	村木沢	3	35	工員
隆洋さん	村木沢	3	33	会社員
雄さん	青森県	2	25	大学生
雄基さん	村木沢	2	24	調理師
純弘さん	県内	0.5	40	会社員
剛さん	山形市内	0.5	32	会社員

太陽シートをはずしたイネの苗に水をかける農メンズの佐藤雄基さん

ダイズや園芸作（エダマメ、サトイモ、タマネギなど）の作付を増やしたり、加工部門を強化すべく、在来のサトイモである「悪戸イモの洗いイモ」を冷蔵して周年販売したり、小麦やソバを使った麺の新商品を開発するなど、収益性を高める努力を続けている。

　農業体験の受け入れや観光農業も今後伸びを期待する分野だ。ソバの開花期にソバを振るまう「そば花祭り」（9月中旬）や「秘伝豆（エダマメ）もぎ取り体験」（9月下旬）は大人気で、参加者で「あじさいファンクラブ」に登録した人は1500人にのぼっている。こうした多岐にわたる活動の企画・運営でも農メンズは中心になって役割を果たしている。

村木沢の集落悪戸の在来種悪戸イモはねっとりした食感で煮崩れせず、サトイモにうるさい山形の人にも大人気。皮むきした「洗いイモ」は、調理の手間が省けるので芋煮を定番料理とする県内の温泉旅館などから引っ張りだこだ

　2016年4月末の月曜朝のミーティングで、採用されたばかりの遠藤純弘《よしひろ》さん（40歳）が発言を求められた。ミーティングでは職員が順繰りに提案を述べることにしているのだという。

「昨年1年間農業者大学校[*13]で農業研修を受けてきたが、お米やダイズを田んぼでつくっていても売り上げは上がらないと思う。オカヒジキとアスパラガスは反収がいい。悪戸イモが人気のように、この先、団塊の世代を中心に、健康食ということで伝統食人気は続くと思う。ぜひ来年は担当にさせてほしい。このままの給料では安すぎるので、ぜひ売り上げを上げて、給料も上げたい」

　入社して1ヵ月もたたない新人が臆することなく発言し、農業の大ベテランである理事たちもそれをしっかり受け止め、その発想を伸ばそうとする――あじさい営農組合にはそんなのびやかな雰囲気がある。

*13 225頁参照。

若き後継者志穂ちゃんを迎えた集落営農のこれまでとこれから

上田栄一（滋賀県甲良町・農事組合法人サンファーム法養寺）

サンファーム法養寺

1992年設立。組合員22人。水稲10ha、ダイズ7ha、ムギ7ha、トマト5a、ハウスイチジク10a、キイチゴ3a、販売はスーパーや直売所など。4人の定年退職者と志穂ちゃんで作業している。

後列左端が上田栄一さん（65歳）

いまから24年前、1992年7月に「法養寺営農組合」を立ち上げ、集落のみんなで大型高性能機械を共同導入し、オペレーターが稼働する体制を確立しました。

当時滋賀県では「集落営農ビジョン促進対策事業」という県単独事業で、県下の3分の1の集落に集落営農を定着させようとする壮大な事業が開始された直後でした。とにかく3ヵ年、毎年200集落を指定して、集落農業の将来のあり方を集落独自に検討させ、必要とあらば施設・機械にも助成していこうとする大変思い切った事業でした。

(1) 自らの集落で集落営農の実践

当時私は、県の畜産担当の農業改良普及員をしていて畜産農家の経営のお手伝いをしていたのですが、ちょうど元号が平成に変わった頃から「地域窓口担当」という市町農政の総合的な対応をする立場に担当が変わりました。畜産のことなら何とか対応できたのですが、それ以外のことはほとんど初体験で戸惑ってばかりだったと思います。私が担当する町では初年度(1990年度)に10集落が県から集落営農ビジョンの指定を受けていました。さらには2年目にも10集落、3年目には9集落が指定を待ち受けていたのです。

当時の私にとって「集落営農とは何?」、どこから、何から手をつけてよいのか皆目見当がつかず、ただ焦るばかりでした。

一方、私は第2種兼業農家として住んでいる甲良町法養寺という集落で、1991年に農業組合長という集落の農家代表の役職に40歳で選任されました(法養寺では40歳という組合長は別に珍しいことではなく、先輩は30歳過ぎで経験されることもよくありました)。しかも、法養寺も1990年に「集落営農ビジョン促進対策事業」の指定を受けていたのです。これから県下の集落営農を指導しなければならない普及員が自分の集落をまとめきれなかった、ということでは、「普及員としての資格はない」というプレッシャーを自分に課して、まずは自分の集落でどんなことができるのか試してみようと考えたのです。

私は9反の水田を耕作していましたが、高額な農機具費、重労働、父親依存だがやがて限界、農繁期に簡単に休暇が取れない、それに低米価で儲かっていないなど、考えてみればあまりにも問題が多いことに気がついたのです。当時の法養寺農業組合の役員は9名いましたが、私が農業を継続するうえで困っていることを列記して説明したところ、ほかの全員も「困っている。何とかしなければならない」とのことでした。最も大きな問題は、1台が数百万円もする高額な機械を買いそろえなければならないことで、この問題からメスを入れることにしました。

まず、集落で大型トラクタとコンバインを導入して、以後「個人で購入してはいけない」という申し合わせをしました。田植機だけはすでにみんな乗用型に更新していたので共同利用機は数年先送りすることになりました。トラクタとコンバインの導入には1317万円の初期投資が必要で、滋賀県に補助申請をしたところ、県の前事業で法養寺営農組合は格納庫建設をしているので補助金が受けられないことが判明しました。本来、補助金が出ないのなら事業実施は無理と判断されるものですが、「現状のままでは農業は維持できない」と役員会で一致していたので、それなら制度資金の借り入れで乗り切ろうということになり「農業改良資金」を借用しました。

(2) 農事組合法人サンファーム法養寺の設立と白米販売開始

営農組合を継続して13年経過した頃、多くの組合員から「営農組合がそこまでやってくれるのなら、我が家の田をすべて貸すので全面受託してほしい」という声が高まってきて、調べてみたら14戸・10haもの全面委託希望があることがわかりました。任意組合のままでは「ヤミ小作」状態で受託せざるを得ないのですが、10haもの水田をその状態で引き受けてもよいものか?

また、任意組合が「更新積立」として数百万円の積立金を抱えながら年を越していることが税務上許されるのか？　いずれにしてもこのまま任意組合で事業を継続するのは限界と判断し、法人に移行することになりました。

2005年5月、任意組合であった「法養寺営農組合」を「農事組合法人サンファーム法養寺」に法人化しました。法人経営をする以上は、それまでの「集落の農地を集落で守る」という守りの発想だけではなく、「儲かる農業の追求」を目標にすることとしました。手始めに、当地の米は良食味として評価されていたので「白米販売」に取り組むこととし、精米施設一式と玄米保管庫をスーパーL資金*14を活用して導入しました。販路開拓の努力の結果、大型レストランや弁当屋など有利な販売先を確保することができ、順調な経営につなげることができました。

任意組合時代は、各農家順番制でオペレーター出役に応じてもらっていたのですが、法人化してからは「理事がやってくれるのだろう」という空気が強まって、出役する人が激減しました。こうしたなか、3人の理事を含む集落内の定年退職者5名が「農業をやりたい」と、自主的に従事することになったのですが、男手が5人あるとほぼどんな作業もやりこなすことができます。現在は4人が毎日農作業をしているのですが、イネ、ムギ、ダイズの栽培管理だけでは冬場の作業がないので、年間を通じて農作業ができるようビニールハウスを建設してはどうかという機運が高まってきました。

(3) 施設園芸の取り組み

幸い、県や町からハウス建設の補助が得られることもあって、2009年に3棟のビニールハウスを建設し、1棟でトマト、2棟でイチジクを栽培することとしました。トマトは名古屋のスーパーへ、イチジクは近場3店舗のスーパーに卸すことが決定し、本格的な施設園芸への取り組みにつなげることができました。

*14 224頁参照。

ハウス経営をすることによって3月中旬から12月いっぱいまでの農作業が可能となり、園芸販売で500万円ほどの収益が得られることになりました。ハウス建設には1300万円程度の投資が必要でしたが、一度建ててしまえば肥料・農薬・包装資材費などがかかるだけで大金を要することもなく、法人経営にとってはプラスになったと思っています。それに直接スーパーに卸していることから消費者の評価を直接聞くことができ、私たちの「やる気」におおいにつながっています。

さらに知り合いの育種家のすすめがあって「近江木イチゴ」というキイチゴを栽培し、県内の有名ケーキ屋に卸しています。真っ赤な赤色と適度な酸味が特徴で、ケーキ屋からは高く評価されています。近年、新しい品種のイチジクも試作していますが、ケーキ屋や料亭から大変注目をされていて今後が楽しみです。

(4) 甲良集落営農連合協同組合の設立

甲良町はすべての集落が集落営農を実践していますが、2012年、名古屋市内の大型スーパーに、町内7集落営農組織が米の取引を要請したところ受け入れてもらえるようになりました。初年度、試しに1000俵を納入したのですが、消費者から食味がよいと高く評価され、9月に納入した米が年末には完売してしまいました。スーパーからは「どんなよい商品でも通年販売できなければ商品ではない、来年から3000俵を」という要請があり、対応するよう努力しています。ただ、任意団体を含む7集落営農組織相手ではスーパーとして対応しづらいようで、「法人化」するよう強く要請されました。幸い滋賀県中小企業団体中央会の指導を得て、町内の集落営農組織をまとめた連合協同組合[*15]を設立することができました。

連合協同組合では米の共同販売のほか、マニュアスプレッダー[*16]やダイズ専用コンバインの共同導入、園芸生産物の共同出荷、集落営農間の機械の共同利用や労力の貸借などの連携を行なって、ひと

＊15
中小企業の経済的地位強化を目的とした中小企業等協同組合法に定められた組織のひとつ。

＊16
堆肥を圃場に均一に散布するための機械。

つの組織では解決できない問題にも対応しています。甲良町内の13集落営農組織がすべて法人化されたので、すべてが連合協同組合に加入して甲良町一農場化を目指していきたいと考えています。

(5) 農業大学校卒業生・山本志穂ちゃんの参画

2015年3月に滋賀県立農業大学校[*17]を卒業した山本志穂ちゃんが、「農の雇用[*18]」事業を活用してサンファーム法養寺に参画してくれることになりました。彼女の実家は法養寺でしたが、まったくの非農家で、本人が農業が好きで農業高校から農業大学校に進学したことをお母さんから聞かされました。卒業を目前に控え、「卒業後はどうするの?」と聞いたところ、「農業をしてみたいが行くところがない」とのこと。「サンファーム法養寺に来てみては」との呼びかけに即座に応じてくれたのでした。

農業大学校を卒業しても、農地がない、金がない、施設も機械もない、人脈もない、経験もないというなかで、新規就農するのはまず無理です。しかし集落営農組織にはそれらのすべてがあり、すぐさま活用することができます。とりあえず2年間は農の雇用事業を活用して研修する。その後は青年就農給付金・経営開始型を受けて自立経営を目指すこととしています。

すでに「人・農地プラン[*19]」にも認定新規就農者の位置づけをしています。彼女は果樹経営を目指していますので、本人の希望がかなえられるよう、一部ブドウの植栽をするなど準備を進めています。とにかく彼女は、農地の確保に悩むことなく、新たな資金を投入することもなく、熟練者の指導のもとで農業を実践することができるのです。

滋賀県で多くの集落営農組織が立ち上がっていますが、その主力は60

*17 225頁参照。
*18 222頁参照。
*19 225頁参照。

大阪・梅田の高島屋での販売イベントでお米を売り込む志穂ちゃん(左端)

代から70代の定年退職者が中心で、5年後にはどうするのかが滋賀の集落営農の大きな課題になっています。一方で新規就農を希望する人も徐々に増加傾向にあり、特に農業大学校の卒業生は即戦力として有望です。意欲的な若者を集落営農の次期担い手として迎え入れることでさらなる集落営農の活性化と発展に結びつけていくことが大切です。

協同は小農の心、若者にも伝わったか

新潟県上越市・農事組合法人龍水みなみがた　塚田浩一郎

組合があるから住み続けられる

採算の合う農業、生活のできる農業であれば、小農や個別農業にこしたことはない。ほかに収入があり、農業経営は赤字でも税対策などの理由で続ける営農、あるいは自給農業もけっこう。

しかしそういう農家が農村で少しでも効率的に生きていくためには協同し、できるかぎり大規模企業農業に対抗できる力をつけるべし。互いの足を引っ張り合わないよう、地域が協力すべし。自分だけよければと一体化せず、自分の農地だから誰に貸そうが売ろうが勝手、といった考えは問題である。

共生、協同意識を第一とする生き方こそ小農の心。そのために、集落営農に力を入れてきた。そうしなければ小農は大農につぶされてしまうという危機感がある。

組合の重要性は年々増している。たとえば草刈りなどの共同作業では高齢者にも積極的に参加してもらって時給を

新潟県上越市

払っている。年間30万円以上稼ぐ人もいて、「組合のおかげでここでずっと暮らせる」と、年金暮らしの足しになっている。組合主催の田植えイベントでは、都会の消費者と交流を重ねるうち「このむらに、こんなに人が来て楽しんでもらえている」とうれしくなり、足元の集落を見直すきっかけになっている。集落営農には、そんな役目もあると思う。

高橋君も「ひとりではできない」を実感

現在、組合の唯一の正職員は２０１４年に来た高橋駿君。非農家生まれの26歳で、京都の公立大学の農学系を卒業している。「農の雇用事業」を利用し、上越市の職員と同じ条件で雇用している。

彼は当初、集落から30km以上離れた街場から通っていたが、２０１５年から集落の空き家を買い取り、むらに定着。即、消防団に入り、２０１６年４月からは集落の土木水利役員にも選任された。新規就農者がこんなに早く役員に出世するとは、ほかに例がないのでは？

高橋君は農地取得にも意欲的。売りたいという農家も出てきた。当座は組合が肩代わりして購入したが、研修も済んだので、２０１７年春には高橋君の所有地になる予定だ。引き続き法人の職員としても働いてもらうつもりで「いつまでもサラリーマンじゃないぞ、10年後は経営側になってもらうぞ」と言っている。

将来、彼が一農家として集落の田んぼを請け負うという形もある。しかしひとりではすべての田植えや管理、草刈りも無理だし、イベントも開けない。みんながいなければ、仕事が成り立たないことを彼もよく実感しているようだ。

若者にも理解を得られる無理のない範囲での協力、コミュニケーションを図り、「共同体」の意識を伝えていくのが大事だ。

龍水みなみがたは2006年に設立。組合員33名（２集落）。水稲35ha。専従者は3名。有機米・特別栽培米をJA委託販売するほか、生協や消費者へ直販。田植えイベントでは消費者を呼び、高橋君による田植え機試乗体験で盛り上がる

第4章

JAの部会員になる

トマトやキュウリのバリバリの産地でＪＡ（農協）の生産部会員の２割以上がＩターン者というところがある。有機栽培部会をつくり、毎年１家族の新規就農者を有機農業者として育てているＪＡもある。

この章では、生産組織と販路をもつ強みを生かしたＪＡの新規就農支援の先進事例に学ぶ。

「産地＝地域」の一員を育てる
トマトのブランド産地　部会員の2割がIターン

福島県南会津地域・JA会津よつば　南郷トマト生産組合　取材・執筆／編集部

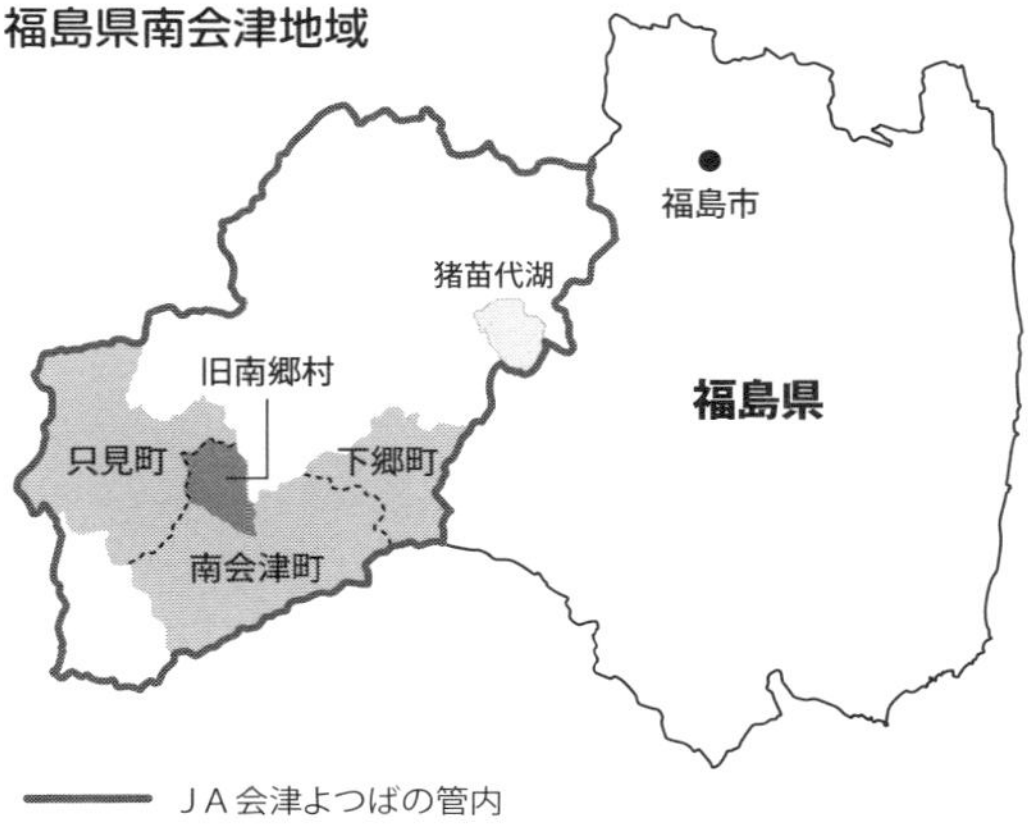

＊南郷トマトは南会津町、只見町、下郷町の3町で栽培されている

JA会津よつば

2016年3月1日、JA会津みなみ、JAあいづ、JA会津いいで、JA会津みどりの4JAが合併し、会津地域の全17市町村を管内とするJAとして発足。米をはじめ、「南郷トマト」を代表とするトマト、およびアスパラガス、キュウリなどの園芸品目、和牛肥育を中心とした畜産も含め、全国有数の農畜産物生産販売の拠点となっている。組合員数は4万7153人で、内訳は正組合員2万9722人、准組合員1万7431人（2016年2月末現在）。

南郷トマト　身が引き締まったしっかりとした食感が特徴の大玉トマトで、「日本一の味と品質」。品種は「桃太郎ギフト」と「桃太郎セレクト」。原産地表示保護制度（GI）にも申請する予定　写真提供：JA会津よつば、以下（*）は同じ

Iターン農家が増えている産地として、本シリーズ第2巻『人口減少に立ち向かう市町村』では鹿児島県志布志市のJAそお鹿児島のピーマン専門部会を紹介した。その「南の『志布志ピーマン』」とならび、「北の『南郷《なんごう》トマト』」と称されるほどIターンが増加しているのが、JA会津よつばの南郷トマト生産組合だ。これまでに30戸以上のIターンを受け入れており、現在組合員124戸のうち2割以上がIターン農家となっている。組合員の平均年齢は54歳。ここ数年は高齢で離農する農家の穴埋めをするように若い新規就農者が誕生しているそうだ。[*1]

JAそお鹿児島ピーマン専門部会では市の農業公社がおもに研修を行なうのに対し、南郷トマト生産組合ではベテラン生産者が「里親」となって新規就農希望者の研修をする。さらに研修生や新規就農者は、生産組合の若手がおもに所属している「トマト研究部」への加入が義務づけられている。このような南郷トマト生産部会の新規就農者の受け入れシステムは、単に農家を育てるというだけでなく、「産地＝地域」の担い手を育てるという思いがあるからだ。

（1）山奥の豪雪地帯にある年間売り上げ9億円超のブランドトマト産地

まずは、少し長くなるが「南郷トマト」についてご紹介したい。

「南郷トマト」の産地・南会津は、東北新幹線の那須塩原駅から車で2時間近くかかる。標高350〜900mの中山間地で、冬には多いところで3m以上も積雪がある豪雪地帯でもある。

1962年、ここで旧南郷村（現南会津町）の農家14名が、50aからトマト栽培を始めた。当初か

*1 本節は『季刊地域』26号（2016年8月）の編集部取材記事「『南郷トマト』は部会の2割がIターン」を再編集した。年齢や肩書きなどは掲載時のものである。

ら関東での販売をねらっていたが、最初は東京郊外の小さな市場でしか扱ってもらえず、「品質は日本一だが量が少ないのは世界一」と酷評された。価格低迷時には、村内でリアカーを引いて振り売り（移動販売）することもあったという。また、災害も多く、集中豪雨や台風、大雪……近年では東日本大震災と原発事故、新潟・福島豪雨など、そのたびに、生産者や農協、行政が一丸となって産地を守ってきた。

そして2012年、「10年は続けよう」という合言葉で始まった南郷トマトの栽培はついに50周年を迎えた。いまや栽培面積は35ha、生産量約3000t。出荷は7月下旬から10月下旬までたった3ヵ月なのだが、9億4700万円（2015年実績）を売り上げる一大産地となっている。

安定した品質と量は、市場やスーパー、消費者からも評価が高い。南郷トマトは一部を県内や関西の市場に卸すほか、8割以上を築地など東京の7市場に卸している。そして、その多くが「南郷トマトパートナー店」と呼ばれる関東近郊や県内の常連スーパーに並ぶ。これらのスーパーでは毎年「南郷トマト」の売り場を確保し、消費者にファンを増やす。栽培期間中何度も産地まで足を運ぶバイヤーもいて、産地側もそういうスーパーには優先して卸すよう市場に伝えている。

ブランドを維持するための品質管理も徹底している。JA会津よつばの南郷営農経済センターに隣接する「南郷トマト選果場」は、同時に生産者3人分の選果ができるラインをそなえ、1日に最大1万2000ケース*2を処理できる大きな施設だ。南郷トマトはここで、傷の大きさなどの品質で4段階、さらにサイズによって7段階に細かく分類される。以前は規格の判断を人の

*2 1ケースは4kg。

稼働中の選果場の様子（*）

目に頼る部分が多かったが、空洞果なども選別できる内外部品質センサーを完備。いまはトマトのお尻などを人の目で確認する程度でよくなった。ロボット式の箱詰め機も導入し、人の手に触れる機会を極力減らすことでトマトが傷むのを防ぐなど、細かいところまで配慮が行き届いている。

さらに、南郷トマトブランドの大きな特徴が「雪室予冷」である。「雪室予冷」とは、選果後のトマトを雪の冷気で一晩冷やしてから出荷する方法だ。冬の間に運び込まれた約600tの雪を雪氷庫に入れ、その庫内の約1℃の冷気を2部屋あるトマト用の貯蔵庫に送り込むことで、貯蔵庫内の室温は真夏でも10～15℃に保たれる。トマトは一晩冷やすことで鮮度が維持されるだけでなく、身が締まるので輸送中の傷みを抑えることもできる。

雪室予冷庫の雪氷庫。選果場周りの雪で十分600t用意できる。中にみえているのが雪

集荷・選果・出荷を同じ日にしていた以前に比べると、雪室予冷で一晩置くおかげで、前日に出荷量がわかり、配送トラックの手配や市場の受け入れ準備に無駄がなくなり、流通が効率化した。販売戦略や徹底した品質管理の結果、南郷トマトの市場価格は、ここ10年ほど4kg箱で平均1200円ほどの比較的高い価格を維持している。

(2) 南郷トマト生産組合が求める人材とは

産地として順調に歩んできたが、高齢化やそれにともなう離農者は否応なく出てきている。だからこそ、新規就農者を積極的に受け入れているのだが、「誰でもよい」というわけではけっしてない。

組合では、南郷トマトブランドを守るため、独自のルールである組合規約を設けているのだ。この規約は、「南郷トマト生産者の心得」のようなものだという。そのおもな内容は、

・収穫したトマトは規格外品以外全量をJAに出荷。
・規格外品を個人で販売する場合、「南郷トマト」の名前で販売してはいけない（「南郷トマト」は2007年に地域団体商標を取得しており、その名称で売れるのは選果場を通過したトマトだけ）。
・資材（肥料と農薬）は組合で認めたものしか使用してはいけない。
・黄化葉巻病ウイルスの保有株が産地にもち込まれるリスクを減らすため、苗は、組合で生産したものか、組合経由で購入したものを使う。

三瓶清志さん。南郷トマト生産組合の組合長。只見町で有限会社さんべ農園を経営し、トマト２万本と米21haを栽培する。３年熟成させたこだわりの自家製完熟堆肥はトマトにも米にも使う。「その地域に魅力的な農業と、生き生き暮らす農家がいないと、どれだけ支援を充実させたってＩターンは来ない」と、地域活性化にも尽力する

など、なかなか厳しい内容だが、この規約を守れるかが、組合が新規就農希望者を研修生として受け入れるかどうかの最も重要なポイントなのだと、組合長の三瓶《さんべ》清志《せいし》さん（53歳）は言う。

「規約は『南郷トマト』ブランドを守っていくために、みんなで決めたルール。就農希望者のなかには自分でつくったものを自分で売りたいって人もいるけど、それはよそでやってくれと、はっきり断ります。都市近郊ならそういう農業もできるかもしれないけど、ここはそうじゃない。コンビニまでだって35㎞ある。消費地も遠いでしょ。だから、みんなで一緒に『南郷トマト』を守っていくことが大事なんです」

ここでは『南郷トマト』というブランド産地を守っていくことが、そのまま「ここで暮らし続けること」を守ることになるのだ。

（3）里親農家での研修と研究部での活動で培われる「産地の一員」としての自覚

南郷トマト生産組合の場合、新規就農希望者は、まず生産組合三役、JA、町、県の関係者と面談。規約や活用できる補助事業などの説明を受ける。*3 その後、就農希望者は研修希望申込書をJA・生産組合へ提出し、受理されれば「研修生」となる。研修は、「里親」と呼ばれるベテラン農家のもとで原則として1〜2年間。その間に住む住宅は里親農家が探したり、各町の空き家バンク、新規就農促進住宅（南会津町のみ）などを活用する。研修が始まると、里親の圃場《ほじょう》に通い、農業経営全般だけでなく、地域との付き合い方なども教わる。教え方は特に決まっておらず、里親にまかせるスタイルだ。研修終了後は、独立就農となるが、その際の圃場も本人の希望を聞きながら、里親や地元農家、JAが用意する。

研修から就農までの間、もちろん栽培技術の習得も必要だが、「産地のなかのひとり、地域のなかのひとり」という自覚をもつことも同じくらい大

ボランティアによる除雪作業。あまりに雪が多いとパイプが変形してしまうため、大雪になると研究部の若手や地元の人がスコップを持って駆けつける（*）

*3
45歳以下の場合は青年就農給付金（222頁参照）を活用するが、45歳以上の場合には農協の臨時職員として雇用し、最大月15万円が給付される。

*4
南郷トマト生産組合ではハウス建設を業者に頼まず自分たちで行なう。ハウス建設用の資材は行政が7割程度助成してくれる補助事業を利用して組合で購入し、新規就農者は組合からリースして営農を開始。トマトの販売代金から少しずつ組合に返金していくシステムで、就農時の初期費用を抑えている。

切だと三瓶組合長は言う。

「ここで就農するなら、一匹狼じゃダメですから」

三瓶組合長のもとで1年間研修し、2005年に就農した髙木正貴さん（48歳）は、「研修中はとにかくいろんな会合や集まりに連れていってもらった」と振り返る。「清志さんは人脈が広いですから、くっついて歩いてるだけで、地元のいろんな人と知り合いになれましたよ。人のつながりには、自立してからもずいぶん助けられています」。

また研修生は、組合内の「トマト研究部」に所属することが義務づけられている。研究部は、若手中心の組織で、現在メンバーは60人ほど。新しい資材や品種を試したり、優良生産者の圃場を見学し、組合全体の栽培技術向上を目的に活動している。そうした研究活動のほかにも、研修生が就農する際には、研究部の有志が率先して本人と一緒に圃場の排水掘りやハウス設営をボランティアで行なう。[*4] 大雪が降れば、特に積雪が多い地域の生産者のハウスに出向いて除雪作業を率先して手伝う。地元名物マトンの焼肉パーティで交流を深めたりもする。同世代の仲間とそういう活動をすると、「産地の一員」という自覚が自然と芽生えるのだ。

髙木さんも「研究部の仲間も組合も助け合いが当たり前なんですよ。新しくハウスを建てるときは、みんな金槌ひとつ持ってきて要領よく作業してくれましたし、逆に仲間のハウスが水害に遭ったと

［写真右］髙木正貴さん（48歳）・純子さん（48歳）夫婦。神奈川県出身。さんべ農園で1年研修後、2005年に只見町で就農。40a。正貴さんは組合の監事も務める。大学生と高校生の2人の子供がいて、地域にもすっかりなじんでいる。「忙しくて家庭菜園とかできてはないんですが、近所の方が野菜を分けてくださるのでとても助かってます」

［写真左］中島功泰さん（33歳）・絵美さん（32歳）夫婦。茨城県出身。さんべ農園で1年間研修後、2015年に南会津町で就農。20a。功泰さんは元プロスノーボード選手。就農前は夏に期間雇用やアルバイトでお金を貯め、冬は山にこもってスノーボードをする生活を長く続けていたが、南郷スキー場で働く多くのトマト農家と知り合ったことがきっかけで就農した。「もともと勤めるより自営業がいいと思っていたので、よかった。生活も安定しました」

きには、忙しい時期でもみんなでスコップを持って駆けつけ、ハウスの片づけを手伝いました。ここは農家1軒あたりの規模は小さい産地かもしれませんが、集まると大きい力になるんです。その結束力が『南郷トマト』の商品力にもつながってるんじゃないですかね」。

(4) 里親農家の教え「集落に迷惑かけないのが一番大事」

南会津町のトマト農家・酒井喜憲さん(70歳)も、里親として何人も新規就農者を育ててきた人だ。酒井さんは町内にある南郷スキー場のスノーボード専用コース「ハーフパイプ」をバックホーでつくることで業界では有名人。毎冬スキー場に来て、スキーやスノーボードをする若者たちを自分の子供のようにかわいがってきた。だが、そういう若者の多くは、夏場には期間雇用やアルバイトなどでお金を稼ぎ、冬は山にこもってスキーやスノーボードをするという不安定な暮らしをしていることが多かった。酒井さんは「それなら夏はうちでバイトするか」と声をかけ、トマトの仕事を教えた。何年かバイトすると、独立して就農を目指す人も出てくる。そんなことをくり返すうちに、スキーやスノーボードの関係者がどんどん南郷トマト農家として移住・就農している。

そんな酒井さん、新規就農者に口を酸っぱくして言うのは「とにかく集落に迷惑かけちゃいけない」ということ。「トマトのハウスを建てる田んぼは排水がよくなくちゃいけない。田んぼのよしあしがトマトに影響するから、新規就農者にはなるべくいい田んぼを探してやるんですよ」。

新規就農者の圃場は、JAが斡旋《あっせん》することもあるが、里親農家など生産組合で融通することも多い。「同じ集落の人に『若いもんががんばってるからあそこの田んぼ貸してくれ』と頼んでようやく借りた田んぼだから、地主さんに『あんなやつに貸さなきゃよかった』と思われないように、ハウスは中だけじゃなくて、外も管理しろと言うんですよ」。

草刈りはもちろん、資材やゴミを散らかしていては、地主も間に入った里親もやはりいい気はしないものだ。「農家は集落があってこそ。消防団に入ったり、地元の集まりに出るのも大事。それが『農家』なんだから。Ｉターンだからこそ地域密着。トマトはへたでもいいから集落に迷惑かけないってことが大事だと思ってます」。

（5）南郷トマト「産地」を守ることは「地域」を守ること

ここまで紹介してきたように、南郷トマト生産組合の新規就農者の受け入れにはけっこう手間がかかる。行政まかせにせず、ここまで組合が主体となって取り組むのはなぜなのか、三瓶組合長に聞いてみた。

「50年続いてきたトマト産地を俺たちの代で終わらせるわけにはいかないっていう思いは強いですよね。だから、研修生も受け入れるし、新規就農者の手助けもする。それは損得なしでやらなきゃいけないことだと思ってる。次世代にトマトと地域をつないでくれるのはやっぱり若い人たちだから」。

[写真右] 研究部代表の酒井三郎さん（36歳）はトマト農家の3代目。祖父は南郷トマトの栽培を始めた14人のうちのひとりだ。三郎さんの代で株式会社さかいふぁーむとして法人化。「いずれ地域貢献できる事業もしたいと思ったので株式会社にしたんです」。左は父・久さん（64歳）

[写真左] 南会津町の酒井喜憲さん（左）と研修生の土橋克由さん（34歳）。酒井さんは南郷スキー場の有名人。スキー場に通う若者を何人も研修生として受け入れ、トマト農家として独立させてきた。自身は龍農園という屋号でトマト60a栽培。現在研修中の土橋さんは、地元の農家の息子で異業種からの転職就農。実家は大規模な水稲農家で、1年間の研修後は家族とともにトマト栽培をする予定

そして、「『南郷トマト』は、地域の財産ですからね」と。

確かに、南郷トマトのおかげで、この地域で農業ができ、若い人も地域に残ることができる。もしも、南郷トマトがなければ多くの若者が仕事を求めて地域外に転出していたことだろう。だからこそ、みんなで南郷トマト産地を守っていくことは、地域を守ることに直結すると、三瓶さんは思うのだ。

実は南郷トマトの生産者には、Iターンの若者だけでなく、農家の後継者や地元の異業種からの新規参入も多く、それが組合の平均年齢を引き下げている面もある。「これだけ若者が残っている地域の産業って、『南郷トマト』のほかにほとんどないですよ」。

Iターンを受け入れ始めてもう20年以上。最初の頃はうまく続かず、来てもすぐに離農してしまう人も多少いたが、受け入れを夫婦限定（親族2人以上でも可）にしたことなどもあり、最近では出ていく人はまずいない。いまや124戸の生産者の2割以上がIターン農家になった。Iターンといえども、農家として産地や地域への思いは強く、組合の役員を務めるなど、中心的な存在になった人もいる。組合にとっても、地域にとっても、もはやIターンはなくてはならない存在となっているのだ。

ここでは地域が一体となって「南郷トマト」の産地を守ることが、そのまま地域を守ることなのだ。三瓶組合長は言う。「いまの目標は次の50年に引き継ぐこと。南郷トマト100周年を目指したいんです」。この思いは、ベテラン農家も後継者もIターン農家も、JAも行政もみんな共有している。

毎年1家族を受け入れて18年 JA有機栽培部会の3分の2は移住者に

柴山　進（茨城県石岡市・NPO法人アグリやさと代表）

JAやさと

茨城県石岡市の旧八郷町（やさとまち）を事業エリアとしている未合併JA。正組合員3600戸、准組合員700戸、役員36名、職員140名。有機農業の「ゆめファーム研修農場」のほかにJA出資生産法人「やさと菜苑株式会社」農場をもち、慣行栽培による新規就農者の育成も積極的に行なっている。JA直営の納豆工場、野菜カットセンター事業やカボチャ焼酎造りなどの6次産業化、日帰り温泉施設の経営など多様な事業展開をしている。

茨城県石岡市八郷地区

茨城県石岡市八郷《やさと》地区は筑波山の東山麓に位置し、三方を山に囲まれた盆地で、東京から70㎞と近いにもかかわらず、豊かな田園風景が残された「日本の里100選」のまちです。八郷地区はまた全国でも有数の有機農業が盛んな地域として知られ、有機農業の歴史が古く、現在60戸以上の有機農家がいます。うち4分の3は、県外から参入した生産者が占めています。

ＪＡやさとはその旧八郷町を事業エリアにしている未合併農協です。牛・鶏・豚などの畜産業が盛んで、周りを山に囲まれた農地では、昔からさまざまな品目が栽培され、単一品目の大産地形成には向かない農業地帯です。

(1) 私の思うこと、私の夢

いま日本農業は元気をなくしています。食糧自給率39％、将来、私たちの食生活はさらに多くの外国からの食糧に頼るようになってしまう状況です。農村では子供は就職して後を継がず、農地の保全が大きな課題になってきています。

私はＪＡの職員として営農部門を担当してきました。１９８０年代半ば、当時はいまのようにＪＡは生協との産直をすることが珍しい時代、東京の生協とＪＡの産直を34歳のときから組み立てる業務にあたってきました。野菜の生産販売業務をやりながら、月4回くらいは東京での会議や交流会などに出かけていました。そのなかで都会の目を通して、自分の農村地域をみる目が養われてきました。何もない自分の住んでいる農村が実はどんなにすばらしく豊かなところであるか、一方で都会には農業を希望する人が多くいるということも。農業をやりたい都会の人に、農業者になってもらうための支援はできないものかと考えてきました。そして１９９９年にＪＡやさと「ゆめファーム」研修制度を立ち上げ、長年の思い・夢がやっと形にできました。

（2）有機栽培部会の設立と研修制度

生協産直によりJAやさとは都会の消費者と直接向き合い、農畜産物の生産と販売を行なうという訓練をしてきました。1976年にタマゴと鶏肉、86年に野菜、その後果物や米、89年に納豆・豚肉と総合的に産直を展開し、「地域総合産直」産地として事業展開を進めてきました。

都会の消費者との産直により、安全・安心や消費者の要望を受け止め、生産し届ける、そのような経過から1997年に生産者に提案し、JAに有機栽培部会を手上げ方式で設立しました。モットーは「よりおいしい、より健康な、より豊かな野菜を食卓に」。10名足らずの生産者で、国の有機ガイドラインを基準に生産活動が始まりました。つくった野菜を食べてくれる消費者がいる一方で、有機農業を一緒にやろうという意識ある生産者仲間がいたからでした。

この有機栽培部会の設立が、いままで思い描いてきた新規就農者の受け入れのソフト面の準備になりました。新規就農者をこのグループが迎え、栽培技術や販売を支援するという形ができれば、都会からの新規就農者もつまずかないだろう、何より都会からの人も有機農業への参加なら考え方のギャップがあまりないだろうと考えたからです。

こうして有機栽培部会が設立されたとき、生協の常務から「うちの職員が就農を希望しているので相談に乗ってくれ」といわれたのが、研修農場を描く直接の始ま

「ゆめファームやさと」13期生の田中宏昌さん（東京都出身）と陽路子さん（宮城県出身）。宏昌さんはＩＴ企業営業職からの転身

りでした。当時JAでは蚕を育てるための桑の葉が人工飼料に転換したため、蚕の飼育所の桑畑4・5haが役割を終え、桑の木を抜いた跡地をどのように利用するかを検討中でした。この桑畑跡地を活用し、生協職員の彼を受け入れるために考えた仕組み、それが「ゆめファーム」研修だったのです。

研修の仕組みは次のようなものです。①研修は有機栽培で行なう。②研修期間は2年間とする。③農地と農業に必要なトラクタなどの農機具などはJAが無料で研修生に提供する。④研修生は妻帯者にかぎる。年齢は39歳まで。⑤JAは研修生に対して月16万円の生活費を給与として2年間支給する。⑥農業に必要な軽トラックは自分で用意する。

妻帯者にかぎるとしたのは、家族がいて農業を選択するということは相当の決心が必要だろうと考えたからです。

14期生の倉光央さん（東京都出身）と幸恵さん（茨城県笠間市出身）。央さんの前職は建築会社の現場監督

研修は実際に野菜をつくって販売するという実務研修です。そこで所得が発生するので、給与16万円のうち8万円、12ヵ月で96万円は年に一度JAに返還してもらう。残り96万円は県からのJAへの研修生受け入れに対する助成金をあてます。そして、農協に口座をつくって「経営収支」がわかるように管理しておき、JAへの返還金以上に所得があった場合は、研修生本人の努力に報いる意味も込めて、その分を卒業時に農業資金として渡すという仕組みでした。その後、国の青年就農給付金制度*5が始まってからは、国の制度に移行しました。

*5 222頁参照。

一方、研修中の住まいは自分でアパートを見つけます。そこから与えられるのではなく、自分で考えて積極的に動くという「ゆめファーム」研修のスタイルができました。

（3）JAと有機栽培部会の役割

研修は、どんな野菜をどのくらいつくったらよいかの生産計画から始まります。栽培する野菜は自分で選べます。あまり特殊な野菜は指導や販売に差し支えるので除きますが、選択肢はさまざまあります。1年目は栽培技術を習得させるために、研修生にはJA有機栽培部会から指導担当の生産者を割り当てます。研修生は毎週指導生産者のところに行き、栽培技術を学びます。そして与えられた農場で同じように野菜を栽培します。研修を終えた移住者の先輩や部会員仲間も、農場に足を運んで研修生をサポートしてくれます。

研修生にとっては、生協組合員が見学にきて交流したり、有機栽培部会の定例会に参加したり、生産者仲間で子供も含め家族も参加する懇親会で交流したり、奥さん同士で会をもったりといったことも助けになります。

そして一番の支援は、つくった野菜の販路を確保することにより経営を支えるという有機栽培部会の支援があることです。部会ではつくった野菜の全量を販売するために、取引先生協への販売を中心に、業務用流通業者との契約取引やスーパーにも販売しています。ですから、研修生は野菜をつくることに専念できます。収穫した野菜は規格外品を除いて大小一緒に、泥つきで袋詰めします。出荷品目によってはコンテナでのバラ詰めもあり、販売先によっては段ボール出荷もあります。市場もシーズン同価格での販売です。品目は夏はナス、キュウリ、ピーマン、オクラなどの果菜類、秋から冬はダイコン、ニンジンなどの根菜類やネギ、レタス、コマツナなどの葉物類です。すべて合わせると、部会では30品目程度を栽培しており、生産者はそのなかから自分に合った品目を選んでつくります。

これら全部の野菜について、2001年から有機JAS*6の認証を部会員全員が取得しており、研修生の認証取得についてもJAは支援しています。

研修卒業生や研修生も部会員として部会のさまざまな活動に参加します。栽培部・販売部・広報部などの部活動、品目別の栽培勉強会や圃場巡回——これらは品目ごとに得意な生産者が指導し、部会員の栽培技術を底上げしていきます。

また、部会では生協組合員をはじめとした消費者との交流活動を重視してきました。生協の行事に参加したり、消費者のための野菜づくり体験農場を開いて、農作業を一緒にしながら交流したり……。それらを通して、消費者に有機農業の実際を伝え、有機農業への理解を図ることも大切な活動です。

JAの部会であっても有機栽培部会の会員構成は、すでに3分の2以上が県外から来た新規参入生産者が占めるまでになりました。年齢構成も若いのが特色です。そしてJAや部会仲間は、生活の相談にのったり、研修生の独立時の農地の相談や斡旋にも応じています。JAの集荷所では新規参入者も部会のほかの生産者と一緒に出荷しているので、組合員から同じ生産者仲間として受け入れられています。ここでは有機農業が「変わった農業」ではなく、地域のひとつの農業として位置づけられていて偏見がありません。新規参入者がJAの部会活動に参加していることも関係しているかもしれません。

(4) ゆめファームの研修生たち

ゆめファームの研修は、2年間です。与えられる農地は1家族90a、1年目は経験がなく何もわからないまま作物と向かい合い、野菜づくりをしていきます。2年目は野菜づくりの復習ができ生産量も増やせますが、独立を想定し農地の借り上げや拠点となる住居を決めなければなりません。独立し

*6 農林水産大臣が定めた有機農産物の品質基準・表示基準。栽培を開始する2年以上前から圃場の土に禁止された農薬や化学肥料を使用していないなどの基準に沿って、登録認定機関による審査を経て認定される。

てから始めては間に合わないためです。研修農場で野菜を育てながら、同時に独立する農地を借りて土づくりを進めなければならないのです。2年間の研修期間はとても大切で、独立の準備のために役立っています。研修卒業前にはトラクタなど自分の農機具を購入したり、とても忙しい期間になります。

独立後の住居は研修生によってさまざまです。小さな戸建て貸家を借りる人、農家の家を借りる人、自分で家を建てたり購入する人、アパートから出発して途中で家が見つかり引っ越す人、それぞれ違います。また独立後、自分のやりたい有機農業のために提携販売に移行する生産者もいました。多様な有機農業の取り組みがあってよいのですが、JAの有機栽培部会仲間から教わって農業者になったのですから、部会仲間と一緒に卒業後も販売することが大事と考える人もいます。そこで、仲間活動を大切にする観点から、10期生からは、おもに有機栽培部会とともに活動する人を研修生として受け入れています。

ゆめファーム研修生たちは全国各地からここに農業を志してやってきた、30歳前後の若い方たちです。北は岩手県から南は宮崎県まで、一番多いのは東京都出身者です。この研修農場により毎年1家族が入ってきて、1家族が卒業するという形で、すでに16期生まで研修を終了し、地域で農業者としてがんばっています。ここで生まれた家族も含めると、もう70名近くが移住しているのです。ゆめファーム以外の参入者を含めると、八郷地区への新規参入は40家族を超えます。一方、参入者が地域の保育所や小学校で子供を通して交流できることも、子供たちが少ない地方にあっては地域を元気にすると歓迎されています。

15期生の黒澤晋一さん（宮城県出身）とつやこさん（茨城県つくば市出身）。晋一さんは海運会社、つやこさんは国際交流団体に勤務していた

（5）NPO法人の設立と朝日里山学校

私は57歳でJAやさとを退職しました。退職前の2008年に、それまで職員として取り組んできた農業体験を退職後も継続するために、NPO法人アグリやさとを設立しました。1989年から始めた生協組合員親子のイネづくり農業体験や野菜づくり体験、首都圏の小中高校生や親子の農業体験受け入れを行なってくるなかで、農業体験受け入れが通常業務で忙しいJA職員の負担になっていることをみてきたからです。

同じ時期、石岡市では廃校になった旧朝日小学校の利活用を検討しており、私は検討委員会のワーキング委員長として廃校をどのように利用するかを提案しました。それまで取り組んできた農業体験のほかに、食体験・工芸体験・自然体験などを行なう体験型観光施設として、2008年秋に朝日里山学校をオープンしました。校舎はできるだけ廃校時のまま改築せず残し、厨房やカマヤ[*7]、トイレなどを新設しました。石岡市が整備したこの施設をNPO法人アグリやさとが指定管理者制度で委託を受け、現在管理・運営を行なっています。

16期生の出縄英之さん（神奈川県出身）と恵依子さん（茨城県牛久市出身）、長男の義人くん。恵依子さんは八郷に来て持病のアトピーが治ったという

（6）農業体験の受け入れ

JAのメインの取引先生協のイネづくり体験や野菜づくり体験、もうひとつの取引先生協の親子

*7
カマドを据えつけてある建物のこと。ここにはピザ竈も設置した。

野菜づくり体験、これらは農薬や化学肥料を使いません。有機農業を消費者に知ってもらうためです。イネづくり体験は今年で28年目、田植え・草取り4回・イネ刈り・脱穀・収穫祭と年8回の企画です。開始当初から参加し、東京から親子3代にわたって体験に通い続けている家族もいます。野菜づくりは植付・管理作業・収穫と年3回実施します。自然のなかで育っていくイネや野菜の成長過程をみることは、子供と食の大切さを学ぶことです。なかにはそのイネづくり体験に継続参加するなかで、ここ旧八郷町に家を建て、週末田舎で過ごし、月曜から東京で仕事をする人もいます。

農業体験ではＪＡ職員時代の１９９９年より、都会の小中高校生や親子の農業体験を交流事業として実施してきました。小中高校生や親子の田植え・イネ刈り、野菜・ダイズづくりなどです。ほかにも農協観光など旅行会社とタイアップした中学生の農家での農作業体験の受け入れも18年目になります。中学生は6人ずつグループになり、果樹や野菜、シイタケなどを栽培する農家へ向かいます。昨年も四つの中学校を受け入れました。

ＪＡ職員時代、組合長より言われた言葉があります。「生産者が『農業が大事』と言うと自己主張になるが、体験をした消費者が『農業は大事』と言うと世論になる。農業の応援団をつくることは大事なことだ」と。体験に来られた東京の小学校校長からいただいた言葉を私は忘れません。「農は最高の教育資源である」と。毎年、年間40回近く、約３０００人を農業体験で受け入れています。食体験や工芸体験などを含めると、昨年は1万５０００名を超える人たちが朝日里山学校に来校し、来校者は毎年増え続けています。

ＪＡやさと有機栽培部会員とその家族。移住者の若い家族が多数を占める

(7)もうひとつを形に

2017年春、新たに「ゆめファーム・朝日農場」(仮称)を、ここ朝日里山学校に開設する作業を進めています。この事業は石岡市が実施し、NPO法人アグリやさとが委託を受けて実務を担うものです。

現在農場の整備を行なっています。1・4haの農地、2家族分の農作業所を設置し、農機具やハウスを整備し、ゆめファームの第二農場としてスタートさせます。来春から1家族を都会から研修生として受け入れます。この研修農場が増えることにより、年2家族の受け入れ体制ができます。

農業で地域を元気に、石岡市への移住者を増やしていくことも私たちの役割だと思っています。就農相談会「新・農業人フェア」では「有機農業なんでも相談」を開設しています。それぞれの相談者がもっている思いを大切にしながら対応します。特に本気で農業を考えている人には農業の実際、有機農業のこと、就農するのに大切なことなどをお話しします。願わくは、そんななかからゆめファームの研修生が継続して生まれてくることを願いつつ。

10年で88人が就農
キュウリ、トマトの即戦力を育てる厳しい修業

松山秀人（宮崎県宮崎市・有限会社ジェイエイファームみやざき中央専務取締役）

ＪＡ宮崎中央の概要

有限会社ジェイエイファームみやざき中央の母体、ＪＡ宮崎中央の管轄するエリアは宮崎市と国富町で、管内人口は約42万人。正組合員1万２０１人、役職員のうち理事24名、監事8名、正職員６５２名で、うち営農指導員は64名となっている。購買高１５１億円、販売高２３８億円。野菜販売高は１３６億円で、その内訳はキュウリ64億円（2万t）、トマト類13億円（３４００t）、ピーマン18億円（４４００t）と、典型的な施設園芸産地を形成している。

宮崎県宮崎市・国富町

（1）有限会社ジェイエイファームみやざき中央の概要

ジェイエイファームみやざき中央は、ＪＡ宮崎中央の子会社として、２００６年2月1日に設立された。資本金は1億９９０万円。役員は、代表取締役がＪＡ宮崎中央の組合長。取締役はＪＡの出向者が1名、転籍者が1名である。監査役は農協の代表幹事と常勤監事にお願いしている。年間雇用の従業員は、ＪＡからの出向職員5名、正社員29名、準社員2名、臨時雇用者29名と、役職員に合わせて67名体制でやっている。忙しいときには、ほかにパートを40～50名雇うときもある。

会社のおもな事業は育苗事業で、野菜苗の取扱高5億９５００万円、水稲苗は2億６５００万円。また農業経営事業ではキュウリ、ミニトマト、ピーマンなどをつくっており、その売り上げは全部で1億２２００万円。これから報告する新規就農研修事業は、この農業経営事業のなかに入っている。農作業受委託事業では堆肥供給が３３００t。施設園芸が盛んな地域のため、ビニールハウスの圃場に入れる堆肥の供給量が多い。水田作業は少なく、３５０万円程度の売り上げしかない。以上合計で10億４０００万円の売り上げがある。

農地の状況は、会社が購入した会社所有の土地、ＪＡから借りた土地、農家から直接借りた土地があり、合計で28・5ha。そのうち17haに、ビニールハウスとガラスハウスの施設が建てられている。全農地のうち5・7haが新規就農者に貸し出されており、そのうち3・4haが施設園芸の面積だ。

新規就農研修生の受け入れは２００６年から始まり２０１６年度の6名まで、合計99名を受け入れてきた。[*8]

（2）新規就農研修事業の設立の背景

新規就農研修事業設立の背景を説明したい。全国どこも同じだが、ＪＡ宮崎中央管内でも農家の高

＊8
本節はＪＡ－ＩＴ研究会 第40回公開研究会（２０１５年6月13日）での報告をまとめたものである。

齢化や後継者不足が目立ってきた。いずれは遊休農地・耕作放棄地の拡大、地域農業・集落の衰退につながることが予測されたので、この事業を立ち上げた。

「立ち上がるＪＡ」と資料で強調しているが、この構想は私の前々任の専務がつくり、私も一緒になって事業に取り組んだ。構想を行動に移すため、「一緒にやろう」と宮崎市に構想をもっていった。そうしたところ、市長以下賛同していただき、市職員を出向で派遣してくれることになり、研修生の生活補助金と指導者の補助金をつけてくれた。

研修圃場は、当初はＪＡの育苗センターに置いたが、会社でも耕作放棄地を購入して整備し、研修事業立ち上げの翌年、２００７年くらいから10名前後の研修生を受け入れることができた。

（3）研修事業の目的は地域に定着させること

私たち職員は、この研修事業に一生懸命になった。なぜか。これは私の体験だが、農業をまったくしたことのない研修生が、暑いハウスの中で汗だくになり汚れながら、「ここで1年間研修すれば俺は農業ができるんだ」と信じて仕事をしている。その姿に感動して、「こいつらを絶対に、何が何でも独立就農させてやる」という気になった。そしてジェイエイファームみやざき中央やＪＡ宮崎中央、市町村や普及センターの職員が一体となって、本気でこの事業に取り組んで、現在8～9年になる。その結果、ようやく事業の基盤ができたのではないかと思っている。

研修事業の最終的な目的は、研修生が研修で終わらないということだ。つまり研修生が農業という職業に就く、地域に定着するということが目的だ。現在93名の卒業生を各地域に送り込み、定着させている。そのなかには、キュウリ部会などでトップクラスの収量を上げるものも出てきて、近所のベテラン農家も「若いもんには負けちょられん」と、お互いに切磋琢磨して発奮材料になっていることも確かだ。こうして地域農業の維持・発展に貢献しているのではないかと思っている。

（4）新規就農研修事業の概要

研修生の要件だが、おおむね50歳まで、農業に対する固い意志と意欲があり、修了後は宮崎市もしくは国富町に居住できる者としている。この要件で、宮崎市と国富町から補助金をもらっている。

研修期間は8月1日～7月31日の1年間。施設園芸（ビニールハウス）の園芸年度に合わせている。

研修作物は、ＪＡの重点作物の施設キュウリ、施設ミニトマトにかぎっている。なかには、「マンゴーがやりたい」「日向夏がやりたい」と言ってくる人もあるが、キュウリとトマトは失敗が少ないため、この二つの作目に決めている。

募集人員は10名程度で、研修の助成金は、国庫事業である青年就農給付金準備型*9を活用している。それに合わない人に対しては、市とＪＡグループの年間120万円の補助金を活用している。

栽培研修ではキュウリ、ミニトマトの土づくりから栽培、収穫、調製まで一貫して行なう

*9 222頁参照。

（5）研修方法

研修カリキュラムがあるが、要は土づくりから収穫終了後の後片づけまでを1年間でやってもらう。ひとり1ハウス（10a程度）を担当し、責任を分担させている。

技術指導には、JAの営農指導員OB1名と研修事業担当者として我が社の従業員2名の合計3名を配属している。

座学はおもに普及センターが中心になって、農業機械の取り扱い方や肥料・農薬の適正使用、ハウス構造などの講習会を行なっている。

認定新規就農者[*10]になるために、JAや行政が中心となって助言し、最後には実績検討会・成績発表会を行なっている。

（6）研修参加の動機

これまで100人ほど面接をしてきたが、研修参加の動機はだいたい三つに分けられる。

①継承保全型

参加の動機をたずねると、10人中9人が、「小さい頃から土いじりが好きだった」「親戚が農業をしている」と言うのだが、よくよくたずねると「親にすすめられたから」という人がいる。どちらかというと、仕方なく来たわけで、ひどい人の場合は、親が研修申込書を書いてよこす人もいる。そういう人はあまり成功しない。

東京などで働いていたが、実家で農業をしている親が高齢なので、これからは自分が「親の後を継ぎ、田んぼやハウスを守らなければならない」という強い気持ちでやってくる人もいる。こういう人

＊10 新規就農する者で青年等就農計画を市町村に提出し、認定を受けた者。その計画に沿って農業を営む認定新規就農者に対しては重点的に支援措置が講じられる。

は成功する。

②利益主義型

「ほかに仕事がない」「いまよりも儲けたい」という人がいる。２０１０年くらいだったが、派遣切りが流行った年には非常に多かった。派遣は仕事が安定せず賃金が安いため、「農業をやれば少しは儲かるだろう」ということで、自己資金は少ないが意欲のある人は多かった。

③現実逃避型

「勤めは嫌だ。田舎で家族と一緒にいる時間がほしい」と、都会の一流企業に勤めるサラリーマンが退職してくることもある。「人間関係で悩まなくていい」、つまり「人に使われたくない。人とかかわりたくない」という参加動機もあるが、農業も地域住民や部会、ＪＡとのかかわりあいは必ず出てくる。

「食えればいい」「自然・田舎暮らしがしたい」という方は、申しわけないが最初からお断りさせていただいている。何十年ものベテラン農家でも食えないときはある。

(7) 心と体づくり

研修生をどうやって育てていくか。当初は「やる気」満々で入ってくるが、研修が始まり、収穫が始まると、延々と同じ作業が続く。そのため心が折れそうになったり、「もうやめよう」と思う研修生もたくさんいると聞いている。それでもみんながんばっており、「根気」を養っている。

「素直さ」も大事だ。「技術指導者は素直に言うことを聞く人には、技術を教えます。言うことを聞かない人には教えません」とはっきり言っている。実際に就農してからも、素直に営農指導員の言うことを聞く人がお金を取れている。言うことを聞かずに新しいこと、新しいものに手を出す人は、あまりお金を取れていない。

研修中はきつい仕事や根気がいる作業がずっと続くが、それを1年間我慢してやっていれば、いつの間にか「心と体が慣れ」てくる。ハウスの中は40℃くらいあるが、農家が汗びっしょりで汚れて作業している姿を初めてみると、研修生は「農業とはこんなに大変なものなのか」と皆びっくりする。しかし研修が終わる頃には、「それが農業では当たり前なんだ」と思うようになる。

(8) 新規就農研修生の心得

新規就農研修生の心得として、ずいぶんひどいことを掲げている。

○休みはないものと思え

実際に作業を始めたら休みはない。キュウリの収穫などは毎日ある。収穫しないと商品価値がなくなってしまう。健康管理上、月に5日の休みは与えているが、「休みはないもの」というつもりで来いということだ。

○遊びは捨てろ

1年間は研修に専念しろということ。研修生の平均年齢は33歳。農業をやろうと思えば、75〜80歳までやれるので、研修生にはあと30〜40年くらいの時間がある。そう考えれば、たった1年くらいは農業に専念してもよいのではないか。「一生を棒に振るより、1年間の遊びを棒に振ったほうがいい」と教えている。

○指導者の命令には絶対服従

「言うことを聞かない人は出ていってください」とまで言っている。

○仲間をつくれ

農業はひとりではできない。「研修生同士・同期生同士で、一緒に飲み会などをすべし」ということだ。

(9) 新規就農研修事業カリキュラム

研修スケジュールは、8月から翌年の7月までだ。キュウリ、ミニトマトの栽培研修では、8月に土づくりをし、10月頃から管理・収穫が始まるが、8ヵ月くらい同じ作業が延々と続く。そして7月になって、ようやく片づけになる。これが技術研修で、座学・経営管理研修では、農作業の安全や補助事業の説明会、就農認定計画書の作成の研修会などを行なっている。

その他の研修では、8月1日の会社オリエンテーションから始まり、キュウリの栽培講習会、青年部の研修会、新規就農者同士の意見交換会、農業委員会の総会、作物の目揃え会[*11]などがある。最終日となる7月31日には成果発表会を行ない、研修生ごとに収入や費用などを全部出し、黒字になったのか、あるいは赤字になったのか、組合長の前で報告させている。

(10) 新規就農研修事業契約書

新規就農研修に参加するにあたっては、契約書を交わしている。

契約書の第3条は「農地・施設等の確保について」、第4条は「各種補助事業について」書いてある。研修当初は空ハウスや空き農地がたくさんあったし、補助事業もあった。だが、いまは中古ハウ

*11 産地のブランドを守るため、規格や選別、出荷要領などについて打ち合わせる会合。

スもなく補助事業の採択も難しいという状況だ。それでも、「農協にすべてを頼らず、自分でもハウスを探してください」ということが書いてある。

(11) 研修生の動向

いままでの研修応募者149名、実際の受講者99名、うち県外出身者は25名いた。性別では男性95名、女性4名。平均年齢は34歳。既婚者60名、独身39名。実家が農家という人は36名、まったく農業と関係ない人が63名だ。

就農作物は、キュウリ58名、トマト22名、イチゴ4名、ピーマン1名、そのほか5名となっている。大変残念なことに就農を断念された方は3名いた。

就農形態は、独立就農71名、親元就農15名、法人1名。就農面積は、キュウリ平均23a、トマト22・8a。農地を借りている人が51名、親族の農地を借りるなり自分の名義にした人が28名、農地を購入した人が8名。

就農施設の状況だが、最初の頃は中古ハウスの購入や移設、賃借が多かったが、中古ハウスがなくなり、最近は新設が増えている。次に述べる新規就農入植団地には4名が入植している。

(12) 新規就農入植団地

① 取り組みの背景

年々中古の空きハウスを見つけることが難しくなり、一方で新設ハウス建設の補助金採択が厳しくなっている。新設ハウスを建てても、よほどの資金がないかぎり就農計画は成り立たず、そのため独立就農が難しくなってきている。こういう状況をふまえて、研修卒業生が就農できる入植団地をつくろうということになった。2016年現在で、3ヵ所に16棟のハウスと共同の農業倉庫を建て、14名が入植している。

②施設概要

わりと安く建設できるAPハウス2号改良型というハウスで、約1700㎡が7棟、2900㎡が4棟、2000㎡が5棟ある。付帯設備として加温機もあるフル装備だ。

事業主体はJA宮崎中央で、事業名は「宮崎市新規就農者入植団地整備事業」。

運営はジェイエイファームみやざき中央が行なっている。

③入植団地の要領

対象者は新規就農者で、後継者の作物転換者を含む。入植者の要件・条件は、既存部会への加入、JA全事業への理解、関係部会・関係機関の審査会で認められること、自分で農業共済へ加入することとなっている。期間は、原則として3年までOKとなっている。

賃借料は1年間で1000㎡あたり約38万円。この賃借料が高いか安いかだが、実際にハウスを建てたら現在2000万円以上はかかる。「就農当初から2000万円の借金を背負うのか、1年間の賃借料を払うのか。よく考えてください」と新規就農者には言っている。

新規就農する研修卒業生が資金がなくても独立就農できるよう、入植団地としてハウス（右）と倉庫（左）を整備

④契約・規約

賃借期間は、野菜の事業年度と同じ8月1日〜7月31日。保守修繕は、入植者の負担だ。環境整備として、草刈りや除草、地域の共同作業、ごみ・残渣《ざんさ》の処分、掃除などを定めている。また農薬管理にも気をつけてもらい、もし事故や事件、周囲とのトラブルがあれば、すぐに会社に報告してもらうことを義務づけている。

(13)「次世代施設園芸導入加速化支援事業」

「次世代施設園芸導入加速化支援事業」は、農水省の林大臣（当時）がオランダで先進的な施設園芸ハウスを視察し、こういったハウスを日本にももってこようということで始まった国の事業だ。現在、この事業は全国10ヵ所ほどで進められており、宮崎県にもそのハウスがつくられた。事業主体はJA宮崎中央で、運営は我が社が行なう。新規就農者などが研修を卒業し、入植団地で3年間みっちり勉強して自信をつけ、この次世代型のハウスに入ることも可能にしようということで、事業を進めている。

整備内容としては、「低コスト耐候性ハウス」*12を9棟、全部で4・1haのハウスができている。環境制御装置など最新のシステムを導入して、環境整備を図っていく。そのほかに、集出荷施設や育苗接木養生施設、野菜苗播種土詰施設、育苗用硬質ハウス*13などもつくっている。総事業費は15億円ほどになる。

(14)最後に

2014年6月6日の朝日新聞に、JAグループが全面広告を出したが、この広告のなかでジェイ

*12 一般的な鉄骨補強パイプハウスの基礎部分や接合部分を、強風や積雪に耐えるように補強することで十分な強度を確保したハウスで、設置コストが同規模同強度の鉄骨ハウスの7割以下のもの。

*13 一般的なハウスの被覆材料である農業用ポリ塩化ビニルフィルム（農ビ）に対して、耐候性の高い硬質フィルム（フッ素樹脂のフィルム）を使った育苗ハウス。

エイファームみやざき中央の研修事業を紹介してくれた。広告の写真は、研修生と研修生の妻たちだ。当時の6月といえば、降って湧いたように農協改革が出された時期だ。

この広告に、「やる気だけでは農家になれない。JAがあったから、夢はかなった」とある。この研修生たちはすでに独立就農をしており、全員夢をかなえている。生き生きと農業をし、年収1000万円以上という人も何人もいる。

朝日新聞の紙面を飾ったジェイエイファームみやざき中央の研修生と家族

コラム JAの就農支援に求められるもの

一般社団法人JC総研客員研究員 和泉真理

農外からの就農者はいまや当たり前

農林水産省の新規就農者調査によれば、2015年の新規就農者の数は6万5030人であり、そのうち農外から新たに農業経営を始めたり、農業法人などに雇用された人は19％を占め、特に49歳以下の新規就農者をみれば、その比率は41％となっている。いまや農外からの就農者（本稿では「新規参入者」と呼ぶ）は次世代の農業の担い手として大きな存在なのである。

農外から就農を目指す若者は増加しつつあるものの、彼らが就農し経営を定着させるまでのハードルは高い。これに対し、国の青年就農給付金をはじめとする各種の支援制度を活用しつつ、都道府県、市町村、JA、農業委員会などさまざまな組織が新規参入希望者の募集から地域での農業定着に至るまでを支援している。そのなかで、JAは新規参入者の定着に向けてどのような支援を行なったらよいのか、本稿ではそのポイントを示したい。*14

まず今後の地域農業のグランドデザインを考えよう

次の時代の地域農業を支えるのは、統計上に表れる新規就農者だけではない。農業経営に取り組む人材は、若い親元後継者、農業者との婚姻をきっかけに農業を始める人、定年帰農者、農外からの参入者（若い世代も退職者世代もいる）、農業参入企業、集落営農や農業公社など、多様である。農業にかかわる人材はこれだけではない。農作業の労働力、選果場・加工場などでの労働力、市民

*14 本稿の多くは、和泉・倪「新規就農支援の現場から－JAは何をするべきか」『JC総研レポート特別号』26基№1、2015年3月に基づき執筆されている。

農園の利用者、直売所に出荷する人、さらには半農半Xの人など多様な人材があってこその地域の農業だ。

だから新規参入者への支援に取り組むには、まずはJAとして地域農業の将来をどのように見据え、そのなかでどのように多様な人材を確保していくかという、地域農業のグランドデザインがなければならない。そこに農外からの就農者を位置づける必要がある（図）。農外からの人材に期待するのは、地域農業の維持に必要な人数の確保だけではない。新たな発想をもつ人材や、農業の環境変化（需要や流通の変化など）に対応できる人材など、次の時代の地域農業の発展に向けてともに取り組む仲間を得るための新規参入者支援を考えよう。

新規参入支援におけるJAの強味とは

JAは、農地や技術などの基盤をもたず小規模経営から始める新規参入者を、

JAの新規就農支援の取り組み

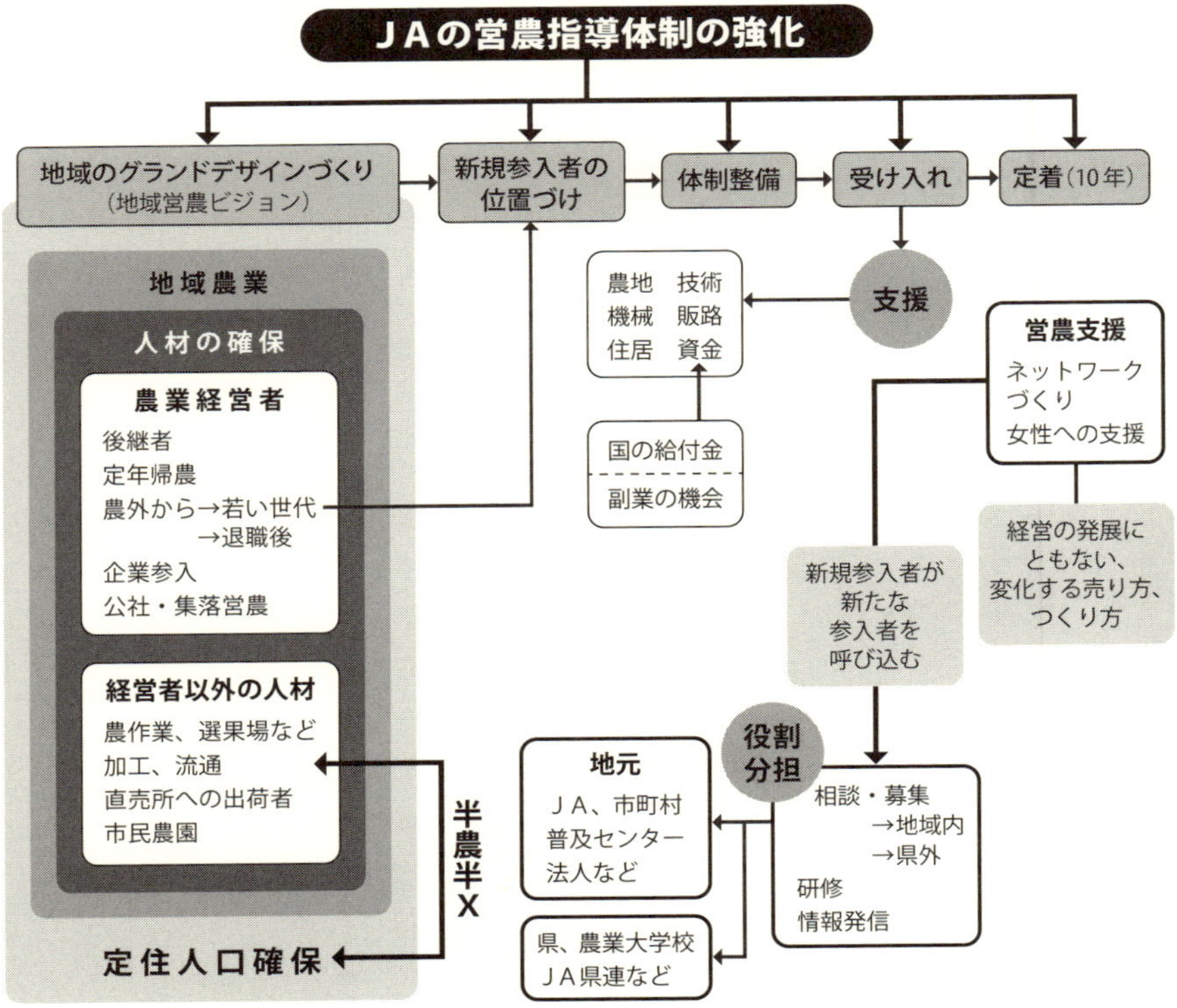

その経営が確立するまで長く深く支え、やがては地域農業の担い手となった新規参入者とともに地域農業を振興していく機関である。JAは他の関係機関とともに、新規参入者の「募集→研修→受け入れ→定着」に向けさまざまに新規参入者を支えるわけだが、その際、経済事業を行なうJAは他の機関にはない強みをもっている。JAはこの機能を十分に働かせ、新規参入者を支えてほしい。

◯新規参入者の農業収入を支える基盤となる、農産物の販路をもっている。規模が小さく技術的にも途上にある新規参入者が収入を得られるよう、市場出荷に加え、直売所、JAによる直販など多様な販売機会を提供することができる。

◯JA会津よつばの南郷トマト生産部会のような先進事例にみられるように、JAの生産部会は、小規模の新規参入者を地域に溶け込ませ、技術を教え、販路を提供し、農地や農機具を斡旋するなど、新規参入者を育てる基盤となる。

◯JAの運営する選果場、加工場、店舗などのさまざまな事業は、新規参入者やその家族に、農業収入が安定するまでの農業以外の収入機会を提供できる。

◯JA宮崎中央が自らの子会社で80人もの就農者を育ててきたように、JA出資法人などにより、直接新規参入希望者の研修から就農まで支援することができる。

JAは新規参入支援のための体制づくりをしよう

JAや生産部会は新規参入支援をスムーズに動かせる体制をつくっておきたい。

①営農指導体制を強化しよう

JAには個々の新規参入者の受け入れ・定着を、地域の関係者と一体となって現場で臨機応変に

石川県の河北潟の小松菜生産部会は、新規参入希望者につくりやすいコマツナ生産をすすめ、技術指導を行ない、融資などで優遇しつつ育てており、ひいては産地の維持につながっている

支援できる人材が必要である。つまりは営農指導体制の強化である。新規就農支援の先進地域でこれまで営農指導員が行なってきた細やかな支援が、JAの合併・広域化によって以前のようにはできなくなっているとの声も聞く。営農指導員の人数を確保するだけではなく、その育成や業務内容が新規参入支援を十分できる体制になっているかどうかを、見直す必要があるだろう。

②農外からの人材を受け入れる意識を地域で育てよう

農外からの新規就農支援に着手する前に、JAは耕作放棄地の状況調査や将来の耕作予定者マップなどを具体的に提示することで将来の地域農業の姿を示し、人材確保に具体的に取り組もうとする意識を高める必要があるだろう。また、地域が「よそ者」に慣れるための、さまざまな都市・近隣住民との交流の機会（農業体験、食育活動、学生の受け入れ、援農活動など）をJAとして取り組み、下地づくりをしよう。

③情報発信の強化

意欲・能力の高い新規就農希望者は取り合いともなっており、広報・PRの拡充が必要である。地方自治体の広報との連携や、すでに参入した就農者などの協力を仰ぐなどして、広報を充実させよう。また、農外からの就農希望者はインターネットで情報収集することが一般的である。JAのWebのトップページに新規就農希望者向けの情報につながるバナーを設置し、タイムリーな情報を流すことが必要だ。

④JAについて知ってもらおう、JAに勧誘しよう

地域においては存在が当たり前のJAだが、農外からの就農者は、もともとJAや生産部会につ

いての知識をもたないことが多く、就農にあたりJAや生産部会への加入を考えない就農希望者も多い。就農相談時点から、JAの役割や生産部会のルールなども含め、十分に情報提供していこう。多くのJAで取り組まれている農業塾・営農塾は、参入希望者に本格的な研修に入る前の試行の機会や、地元を知ってもらう機会を提供するなどさまざまな効果をもっており、積極的に取り組んではどうだろうか。

新規参入者の定着に向けて

新規参入者からは、経営が軌道に乗るまで10年程度かかるとの声が多かった。この間、JAや生産部会が重点的にサポートを続けることが、新規参入者を定着させ、せっかく育てた参入者の「JA離れ」を食い止めることにつながる。

この間、新規参入者が孤立しないよう、新規参入者間、あるいは若い農業者間のネットワークづくりは重要である。

また、新規参入者が直販を志向して「JA離れ」するというケースも多く耳にする。共販体制は生産者が生産に専念でき、特に新規参入当初は有効である。しかし、経営規模の小さい新規参入者は、市場の価格では生活できない場合もある。また就農の動機からも、やりがいという点からも消費者への直接販売を志向するようにもなるだろう。JAが農業者の規模や技術などに応じて市場出荷以外の多様な販路を確保し、十分な販売価格を確保することは、JAの新規参入者支援の最重要事項であろう。

有機農業を目指す新規参入者への支援

新規参入希望者は「環境、エコ」志向が強く、結果として有機農業を志向する人が多い。他方J

Aの多くは、そもそも有機農業への取り組み自体に消極的であり、有機農業を志向する参入希望者への支援も同様である。しかし、新規参入者を惹きつける方策として、さらにはそもそも作物のJAの産地差別化戦略として、有機農業や環境保全型農業の推進は選択肢のひとつであろう。JAやさとのように、有機栽培部会が戦略的に参入者を受け入れ、地域農業の底上げに成功している例もある。まずは地域内の有機農業者と直売所への出荷などを通じて日頃から付き合い、研修生の受け入れ農家になってもらうなど、新規参入者の背中を押せるようにしてはどうか。

女性（新規参入者の配偶者など）への支援

最後に女性への支援の必要性について強調しておきたい。新規参入者の配偶者は、同じく農業への新規参入者であり、就農後は配偶者とともに経営を定着させる鍵となる人材であるにもかかわらず、研修機会の提供などの点で行政・JAなどの支援が届きにくい。女性への支援については、農村女性の上の年代は、昔の生活改善事業などを通じてつながりがあるが、生活改善普及員制度のない現在では、若い世代の農村女性はお互いに交流する機会も少ない。農業に意欲的な女性の参入が増えているいま、女性の交流や経営能力向上の機会の提供を、関係機関と連携しながら意識的に行なう必要があるだろう。

新規就農者の多い地域をみると、地域で育ててきた新規就農者が、次には新たな新規就農者を惹きつけている。まずは少人数の就農者を地域でじっくりと育ててあげることが、若い農業者の確保につながる。新規就農者と地域農業の双方にとって幸せな結果をもたらすためのさまざまな「仕掛け」ができるのがJAであり、その十分な準備と積極的な取り組みを期待している。

第5章 女性就農・半農半Xを志す

女性の新規就農支援が嫁さん対策とみられていた時代はいまや昔。就農希望者のなかから女性ひとりでワイン用ブドウを栽培したり、北海道で酪農に挑戦する例も出てきた。

田舎暮らし志向のなかで、農業だけで生計を立てることにこだわらない「半農半X」が注目されるなか、島根県ではそれを事業として支援し、「半農半蔵人」「半農半ミュージシャン」などが続々生まれている。

この章では、多様化する新規就農とそれへの支援のあり方を考える。

女性就農への道

ひとりでワイン用ブドウ畑を引き継いで

渡辺　菊（長野県千曲市・栽培家）

わたなべ・きく
1969年神戸市生まれ。神戸、京都で40年あまり過ごす。いまだに関西弁しかしゃべれない。ワイン用ブドウ栽培を志し、2010年に長年勤めたデザイン事務所を辞めて、父の生まれ故郷である長野県千曲市に移住。2011年に故北澤昭男氏から引き継いだ畑より白ワインを初リリース。2016年に自分で定植した赤ワイン用のブドウを初収穫。

撮影：青地あい

長野県千曲市

最初から農業をしたいと思っていたわけではありませんでした。食卓にのぼるワインが栽培したブドウから出来る――そのことに魅了され、農業の道もあるなと考え始めたのでした。

(1) 北澤さんとの出会い

私が長野県千曲市でワイン用ブドウの栽培を始めて6年目になります。

千曲市はもともと父親の生まれ育った場所。日本棚田百選にも選定された「姨捨《うばすて》の棚田」の麓にあり、風光明媚《ふうこうめいび》なところです。父は定年を機に、2004年に神戸からこの地に戻り、家を建てました。神戸に生まれ、京都に住んで住宅関係のデザイン事務所に勤めていた私も、何度か長野を訪れるようになるうちに、子供の頃に幾度か来たことのある父の故郷にその頃とは違い何か引き込まれていくのを感じ、長野に目を向け始めました。

とりわけワインのことに興味があったのですが、ある日、母からの電話で近くに生食用のブドウとは違う種類の垣根を見たという報告を受け、思わず「畑で人を見かけたら声をかけて」と京都から頼み込んだのでした。

それが畑の主である北澤昭男さんとの出会いです。

最初に訪ねたときは、突然おうかがいしたにもかかわらず、ブドウ栽

姨捨駅近くからみた棚田。遠くに千曲川が流れ、善光寺平が広がる

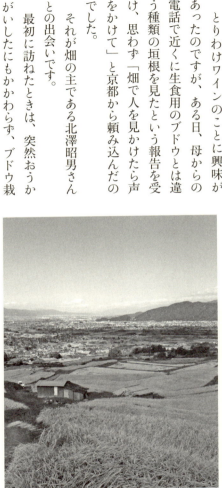

培や地域のことなどをお話しいただき、吸い込まれるように聞いていたと思います。かつては千曲市のこのあたりにも、何軒かの農家が大手ワイン会社と契約してワイン用ブドウを植えていたらしいのですが、その契約が切れ、やっている方が亡くなると樹を伐ってしまうなどして、北澤さんの畑だけになってしまったといいます。＊1

その後、実家に帰るたびに北澤さんにお話をお聞きしました。北澤さんはブドウ栽培をやれともやるなとも言われなかったのですが、ただ農家のふところの深さ、心の豊かさが鮮明に残っています。

（2）「ブドウ畑をやってみないか」と言われて

最初に北澤さんにお会いしてから実際に長野でブドウ栽培を始めるまでには4〜5年の年月が経っていたと思います。

私のなかでワイン用ブドウ栽培を始めたいという思いはあったものの、いったい何から始めたらいいかわからなかったこともあります。情報が錯綜《さくそう》し、見通しはまったく立たないし、誰に相談しても自分の無知さに気づかされるばかり。

そこで、まず農業全般を知るために、長野県農業大学校＊2での1年間の研修を受講する道を選びました。2011年3月の終わりに千曲市に移ってきたのですが、そのときに北澤さんから「ワイン用ブドウの畑をやらないか」という話をいただきました。

いままで悶々《もんもん》としていたのが、降って湧いたような話です。4月から農業大学校に通う予定でしたが、「土日があればできる」と言われ、平日は車で1時間の小諸市の農大へ、土日は北澤さんのブドウ畑へ。確かに作業的には土日でできるかもしれませんが、それはプロの話で、1年目のブドウは惨《さん》憺《たん》たるものでした。

＊1 品種はソーヴィニヨン・ブランとシャルドネ。

＊2 各道府県の農業者大学校については225頁参照。

（3）農大での研修から里親制度へ

ただ、農大での研修は後々非常に役に立ちました。年齢的にも早く実際の栽培をやりたいという焦りはありましたが、急がばまわれ。のちに委託醸造先となるヴィラデストワイナリーや近隣のワインブドウ農家での実習もあり、ブドウ栽培だけでなくいろいろな作物栽培に携わったり、農業機械などの講習や座学があったのは非常に助かりました。

1年間の農大研修を終え、2年目は農家での里親研修です。[*3] もちろん北澤ぶどう園にお願いしました。

ここで研修制度に少し注文があるのですが、県のホームページで里親制度の紹介や人物のプロフィールなどをみることはできますが、使いにくく、もっと多くの方が登録がしやすい仕組みにしていただくと、県外から新たに就農する人もスムーズにアクセスできると思います。

また、私は研修を受けながら、ブドウ畑を借りて栽培を行なっていましたが、厳密には研修期間中に農業経営に着手するのは違反とのこと。現在は変わってきたようですが、研修で習ったことを、すぐに借りている畑で実践するのは技術習得の近道です。天気を読みながら段取りや仕事の優先順位を決めていくのを、研修期間から実践できるのも大きな経験になります。

ましてや、果樹栽培は植えてから最低でも1～2年は収穫できません。成園になるまでの作業時間もかぎられていますので、研修期間に植え、独立したら少しは収穫しお金にできるような制度の柔軟性がほしいものです。

（4）女性ひとりで農業に取り組むということ

里親研修の間も平日は北澤ぶどう園で実習、土日にワイン用ブドウ畑での作業という流れは変わり

＊3
長野県新規就農里親制度については32頁参照。

ませんでした。ただ前年と違うのは、すぐ近くに畑があること、そして信頼できる栽培者が近くにいること。ワイナリーにも非常にお世話になり、2年目にはワイン用ブドウを無事収穫できました。

栽培は通年通しで研修しましたが、冬にはハウスの組み立てのために重たいものを運んだり、どうしても力のいる作業があります。その際、力だけでなく工夫や知恵を働かせば力のない女性にも可能なことは多いと教えていただきました。実際に農機具は男性サイズでつくられたものが多く、不自由な面はありますが、優れた農家は道具を工夫し、活用しておられるので、それを応用して学ばせていただきました。

北澤さんから引き継いだワイン用ブドウの樹。最初はもっと野生的だった。これでもだいぶおとなしくなった

よく女性がひとりでやっていると大変だと言われます。困る場面も多いのは確かですが、ただそれはブドウ栽培だけでなく、農作業全般において1＋1は3にも4にもなることが多いものです（ほかの仕事もそうですが）。研修のときにも「パートナーがいればいいね」などと言われたものでしたが、実際やってみるとそれを実感します。

パートナーはさておき、ブドウ栽培には思っていた以上に機械を使ったり、垣根や棚などの補修で土木や大工作業が多く、冬場などは剪定《せんてい》を除いてはずっとそのような作業をしています。できそうなことはとりあえずひとりで進めてみますが、まったく仕事がはかどらず、延々と時間だけが経過していくこともあります。春から収穫までは目の前の作業に追われますので、後まわしになったり、放置してまた次のシーズンに持ち越した畑も何ヵ所かあります。幸い長野にはワイン用ブドウの新規就農者が多く、里親の方も含め、周りの方の協力を得ながら、細々ながら進めています。4〜5年経ち、何を誰に相談して、お願いするかが身につきました。

(5) 成木を引き継ぐ奇跡に感謝して

2011年のブドウ栽培は失敗しましたが、2012年には収穫でき、翌年にワインが出来上がりました。初リリースです。ワイン用ブドウ栽培の魅力はやはりワインになることです。長かったようでもあり、あっという間でもあったのですが、成園を借りることができたのでホントに早かったのです。

現在は「日本ワイン」ブームのせいで、畑や苗木が確保できないことが多いのですが、20年を超える成木が育ったブドウ畑をそのまま引き継がせてもらえたことは、奇跡に近いことだと思っています。

北澤さんでさえ、一時はワイン用ブドウ栽培をやめようかと思ったらしく、たまたま本屋で玉村豊男さん（ヴィラデストワイナリーオーナー）の本を目にしてもう少し続けてみるかと思い直したらしいです。そのおかげで、ワイン用ブドウ畑を引き継ぎ、ヴィラデストワイナリーで委託醸造のワインができたことは、不思議なめぐり合わせを感じます。

(6) 地元にワイン文化を根づかせたい

産地や文化は、作物が継続して栽培され、それが拡大し、人が集まり、消費されていくことで初め

オリジナルワイン「Wa Yawata」
（Yawata=八幡は畑のある地名）。現在は京都市のワインショップ「グルグル」より販売。お客さんはおもに京阪神など。生産量は2016年度が合わせて500本程度で、注文に追いつかない状態

て形成されます。

千曲市は千曲川ワインバレーの近隣市町村のなかでは非常に後進ですが、ここ1～2年、日本ワインの盛り上がりによって市内で新たにワインブドウ栽培を始める人も出てきました。畑で作業していても、声をかけていただいたり、少しずつではありますが、ワインへの関心の広がりを実感しています。作物には流行りすたりがつきもので、果樹栽培においても以前より更新が早まっているきらいはありますが、樹齢20年の樹が根づくには20年という年月が必要なのです。*4

このあたりでワインを飲む文化はまだまだ定着したとはいえませんが、何十年か後に、日常のなかでワインを楽しんで飲んでいる光景がみられたらと思ってます。千曲市に知り合いが少ないこともあり、いまのところ私のワインは以前住んでいた京都からの販売しかしていませんが、いずれ生産量が増えたら、地元から販売し、地元で消費していただくことを望んでいます。

栽培を始めて6年目。この間、畑も拡大し、自分の植えたブドウも2016年初めて収穫できました。*5 失敗しては少し前に進むという状態ですが、「こうやりたい」と思って行動すると、いい出会いがたくさんありました。技術はまだまだ未熟ですが、人には恵まれ、助けられました。それが私にとって大きな宝です。

ワインはブドウ（農産物）からでき、醸造して、食卓にのぼるもの。「農と食」、「農と人」をつなぎ、地域を語るにはもってこいです。

＊4 海外のワイン用ブドウ園では樹齢50年程度の樹はざらにある。

＊5 北澤さんの畑とは別に、もともとは巨峰が植えられていた畑を借り受け、カベルネ・ソーヴィニヨンを植えた。

女性就農希望者の支援に求められていること
――新得町立レディースファームスクール応援団からみて

湯浅優子（北海道新得町・酪農家）

ゆあさ・ゆうこ

1950年東京都出身。テニスに明け暮れた学生時代。その後洋裁の道を志すが、縁あり、1974年農業実習生として東京から北海道へ。地元酪農家と結婚し、40年の農村生活が始まる。酪農のかたわら、ドイツなど先進地視察をきっかけに20年前に始めた小さなファームインから、グリーンツーリズム、スローフードへつながる。現在、NPO法人わが村は美しく―北海道ネットワーク理事、スローフードフレンズ北海道リーダーなどを務めている。写真は愛馬とともに。

北海道新得町

（1）新規参入者を受け入れる風土

私が、新得町《しんとく》の農業実習生として来道したのは、42年前の1974年。その頃は、就農を目指すというより、田舎暮らしを体験するような気持ちだった。1970年代は、北海道での新規就農への希望者も多かったと聞く。しかし、まだ保守的、閉鎖的な地域が多く、新規就農者への受け入れ体制はほとんどなかった。

そんななかで新得町は唯一、歓迎してくれたようで、農業を目指す実習生や新規就農者が多く育った。新得は、十勝平野の山間部でもあり、農業の大規模化だけでなく、多様な生き残りを早くから模索し、新しい人材の受け入れをしていた。そのことが、いまこの時代に生かされて、レディースファームスクールの下地となったのかもしれない。私が就農して20年後には、新得レディースファームスクールが開校し、職業として自立する、女性の新規就農の道が開けた。

（2）レディースファームスクールと私のかかわり

1996年8月2日に開設したレディースファームスクールは、我が家から歩いて10分、車で2分の距離。

1989年から、農村や地域の持続につながるグリーンツーリズム（都市と農村の交流）を学び、酪農の傍らファームイン（農家民宿「つっちゃんと優子の牧場のへや」）を始めたのが、レディースファームスクール開設1週間後の1996年8月8日だった。

同時期にグリーンツーリズムという新しい農業の形にチャレンジしたこともあり、北海道の酪農としては小さな牧場経営（総頭数50頭、耕地面積30ha）ではあったが、人手もほしくて、レディースファームスクールから研修生を受け入れた。搾乳や牛の世話だけではなく、野菜を育て、一緒に料理をつくり、訪れたゲストたちと食卓を囲んだ。ゲストには、食べ物の生産されるところを知らない人が多く、そこに、都会から来た若い女性（研修生）たちが、自然のなかで、大きな動物に囲まれて生き生き仕事している姿をみて、感動していた。それは、同時に、研修生にとっても、交流により、農業の誇りと責任、そして、楽しさを知ることにつながったようだ。

牧草畑からみる湯浅ファームの牛舎、ファームインと一体となった家

新得町立レディースファームスクールの研修システム

基幹産業でもある農業の高齢化や後継者不足が懸念されるなか、年ごとに増えてくる女性の体験実習希望者のニーズに応えるためにつくられた独身女性を対象とした研修施設である。1996年の8月、施設は、国の補助などを受けて完成したが、町が主体となって運営し、地域の受け入れ協議会とともに、毎年工夫しながら21年目を迎えている。

研修は1年単位が基本で、毎年約10名の研修生を受け入れる（短期研修も数名可能）。部屋は個室（風呂・トイレつき）が与えられ、酪農コースの場合、食事は、朝は農家で、昼と夜はスクールで提供される。1年間で、3ヵ月ごと、4ヵ所の農家の研修に入ることで、多種多様な経営スタイルを学び、各農家の考え方、暮らし方も同時に知ることになる。農家の研修のほかに、週1回の講義で農業の基礎知識などを学び、実習畑で野菜づくりをするカリキュラムも組まれている。

研修の時間も手当ても一律に決まり、これまでの研修のように、農家に住み込み、きついイメージの農業実習とは違い、受け入れ側にも研修生側にも、負担を軽くする配慮がなされている。

（湯浅優子）

新得町立レディースファームスクールの外観

校内での畑作実習

入校式。2016年度は短期研修生を含め、14名が入校した

（3）地域に溶け込む若い女性たち

研修生は年ごとに、年齢や人数にばらつきはあるが、これまでに卒業生１６３名中、町内には40名（農業従事28名、その他12名）が、道内の他地域にも47名（農業従事33名、その他14名）が残っている。

道外で農業従事している人を合わせると、80％が何らかの形で農業に携わり、たとえ本州に戻っても、新得が第二の故郷となっている。入校当時は農業の経験がなく、体も心もまだ頼りなく不安もある研修生が、仲間とともにたくましく成長していく。４ヵ所の農家での研修をとおして多様性を学ぶやり方が、職業として農業を選択できる可能性を広げていった。

また、1年間という単位のなかで、農業を知ることだけではなく、農村の暮らし、地域住民との交流のなかで大きな成果を得ることができている。21年目を迎えて、これからも貴重な女性の新規就農のモデルケースとなっていくと考える。

若い女性たちが農村で暮らし、農業を学びながら、地域に溶け込んでいく様子は、地域に新しい風を起こし、受け入れた農家自身もたくさんのことを学んでいった。家族以外の受け入れをしたことがない農家にとっては、朝の仕事を終えたあと、食事をともにすること、研修としての仕事の教え方など不安もあったが、家族同士で曖昧《あいまい》になってい

酪農家で実習中の研修生

た仕事のメリハリなどもでき、研修する女性たちの熱心さと新鮮な視点にも影響された。若い女性が農業を学ぶ姿勢には、地域の人たちも刺激を受け、「やる気」を育てていったのだ。研修生たちは、貴重な人材となって、経営にも大きく貢献していった。

(4) 多様な新規就農の形

単身で果敢に酪農経営に挑戦

2003年8月に、レディースファームスクール2期生(1997年卒)の女性Aさんが始めた単身での酪農経営は、これまでに例のない挑戦だった。まだ国などの支援体制もさほどなかった時代でもある。しかし、目標をもって、卒業後も他町村の牧場で5年間の研修を受けるなど、さらに営農技術を習得していった。

条件にあった就農地を見つけることが困難だったが、最初の受け入れ農家が仲介者となって新得に土地を紹介してくれた。さらに、女性ひとりでは融資などを受けるのが難しかったが、自己資金と、家族の協力、そして町独自の支援制度で土地、施設、作業機械などの経費をクリアしていった。町の支援制度は、酪農就農にあたり、1000万円無利子貸し付け(10年償還3年据え置き)、初妊牛10頭の貸与(開業後、生まれたメス子牛で3年以内に返すことなどが条件)というものだった。

そして、独立した頃には、町内の法人牧場から人手や経産牛を分けてもらったり、資材の提供を受けるなど、地域のサポートもあり、Aさんは酪農経営をスタートできた。いまでは、飼料は地域のTMRセンター(飼料供給センター)などを利用し、省力化も進めている。このような女性ひとりでの酪農経営は、全国的にも珍しいケースといえる。

女性2人で始めた「十勝ガールズ農場」

2016年に誕生したばかりの「十勝ガールズ農場」は、レディースファームスクールの17期生（2012年卒）2名が卒業後、帯広での研修を経て、共同経営として就農を開始した事例である。

帯広市の実習先の紹介で、畑や作業機械は賃貸料を払い借り受けて、ジャガイモ、トウモロコシなどの畑作に加え、加工や野菜の直売にも力を入れている。今後は、農業体験やカフェなど幅を広げた経営を目指している。女性の感覚が活かされるこうした農業形態は、北海道でも実践する農家が増えてきた。

ガールズのひとりが我が家の研修に来てくれたエリさんだが、当時から、同じ酪農学園大学を卒業した仲間で、共同経営の新規就農を目指す、と明確な目標を語っていた。卒業後、実習を続けていた帯広市では、農業委員会などに理解と信頼を得ることに時間がかかったようだが、土地を紹介してくれる人、経営計画を指導してくれる人、就農後、技術的にサポートしてくれる人などのつながりができたことで、新規就農への道が開けたという。

十勝ガールズ農場のメンバー。2016年にひとり加わって3人に

農業関連の雇用の道も広がった

研修生の卒業後をみると、1年では足らず、もっと農業を学びたいという女性が多い。農業経営の大変さを肌で感じながらも自分にあったやり方を模索したいということで、酪農ヘルパー、法人経営の牧場の社員、多角経営の個人牧場で研修を続けている。

単身で新規就農することにはこだわらず、畑作、野菜、さらに農家の営むカフェや食育、加工、体験など、幅広い分野があることが選択肢を広げている。その過程で、地域の農業青年と出会い、結婚して家族で農業経営している研修生も増えている。

(5)「お嫁さん対策」を乗り超えた研修生の姿勢

新規就農への支援体制は、「青年就農給付金」（準備時の2年間と、就農してからの5年間）や自治体独自の支援もできてきて、経営の資金づくりなどはこれまでよりは恵まれていると感じる。行政も、農業委員会や農協などと連携して取り組み、男女の差別もなく、以前のように「夫婦」が就農支援の条件にはなっていない。レディースファームスクールも、開設当時こそ「お嫁さん対策」のような目でみられたものだが、研修生が女性の新しい職業として、自立した生き方のための選択肢として農業をとらえていることを運営する側も知って、その姿勢を学び、意識を変えていった。

女性たちの農業への参入が、それぞれの感性を活かして田舎の暮らし、農村の価値を高めてくれると期待する。ただ、研修に来る女性たちと接して感じるのは、就農に際しては技術習得だけではなく、協調性、コミュニケーション力を身につけることも大切なポイントだということだ。地域の一員になることは、就農を持続させるために欠かせない。

トラクタも乗りこなすエリさん

(6) 自然に寄り添う半農半Xの暮らしのなかに

日本の農業人口が200万人を切るという、著しい減少のなかで、新規就農には、新しい視点をもった支援制度が望まれる。40年の農村生活のなかで、ここ数年感じるのは、環境だけではなく、人々の暮らし方の変化である。半農半Xという暮らしの形がある。北海道は、半年は大地が雪に覆われる時期があり、この半年をさまざまな仕事や趣味で生かしている人がいる。

農業というのは、自分自身で仕事のやり方を決められる。自然と寄り添う暮らしであることで、自然災害やお天道様に翻弄されることもあるが、大地に生きる知恵と工夫を学ぶことにより、次の年への希望を捨てることはない。我が家の周りにも、ミュージシャンやパン屋さん、大工さん、デザイナー、IT関係の仕事などをこなしながら、農ある暮らしを続けている人たちが増えてきた。農業の形もさまざまであってよいのだと思える。

地域循環の暮らし、農村と都市との交流——田舎には暮らしのなかに仕事がある。過疎といわれる地域でも、先人たちが耕してくれた大地があり、小さな暮らしを営む人たちがコミュニティをつくり、食を育み、「安心した暮らし」を営んでいる。その持続性を子供たちの未来に引き継ぐことこそ、農村に暮らす私たち大人の役割ではないだろうか。そして、この新しい視点にこそ、女性農業者が活躍しやすい場がある。

半農半Xへの道

半農半Xの魅力を伸ばす島根県の支援事業

持田隆之（島根県農林水産部農業経営課）

（1）半農半Xを多様な担い手のひとつとして

近年、農業や農ある暮らしに対する関心は高まっており、最初から専業的農業就業を目指さない移住希望者が増えている。こうしたニーズをふまえ、農業を営みながら他の仕事にも携わり生活する、いわゆる「半農半X」を島根らしいライフスタイルとして提案し、2010年度から支援の取り組みを開始した。*6 県では、農業従事者の減少、高齢化が進行するなか、これまでの自営、雇用といった就農スタイルに加え、半農半Xも多様な担い手のひとつと位置づけ、支援をしている（次頁の図）。

具体的には、①県外からU・Iターンしておおむね1年以内、②農業経営開始時の年齢が原則として65歳未満、③一定規模（販売金額50万円）以上の営農予定、のおもに三つの要件を満たす希望者に実践計画を各市町村に提出してもらい、市町村はそれぞれの定める「半農半X定住モデル」に照らして「実践者」として認定する。「半農半X実践者」には就農前の研修に必要な経費として月12万円（最長1年間）、定住開始後の営農に必要な経費として月12万円（最長1年間）が助成される。*7 また、定住して営農を始める際に必要な施設整備の経費も助成している（補助率3分の1以内、

＊6　2010年度の事業創設当初は「農業＋α支援事業」。「半農半X」の提唱者である塩見直紀氏の了解を得、2012年度から「半農半X支援事業」。

＊7　夫婦それぞれが実践者として共同経営する場合、助成額は月18万円。

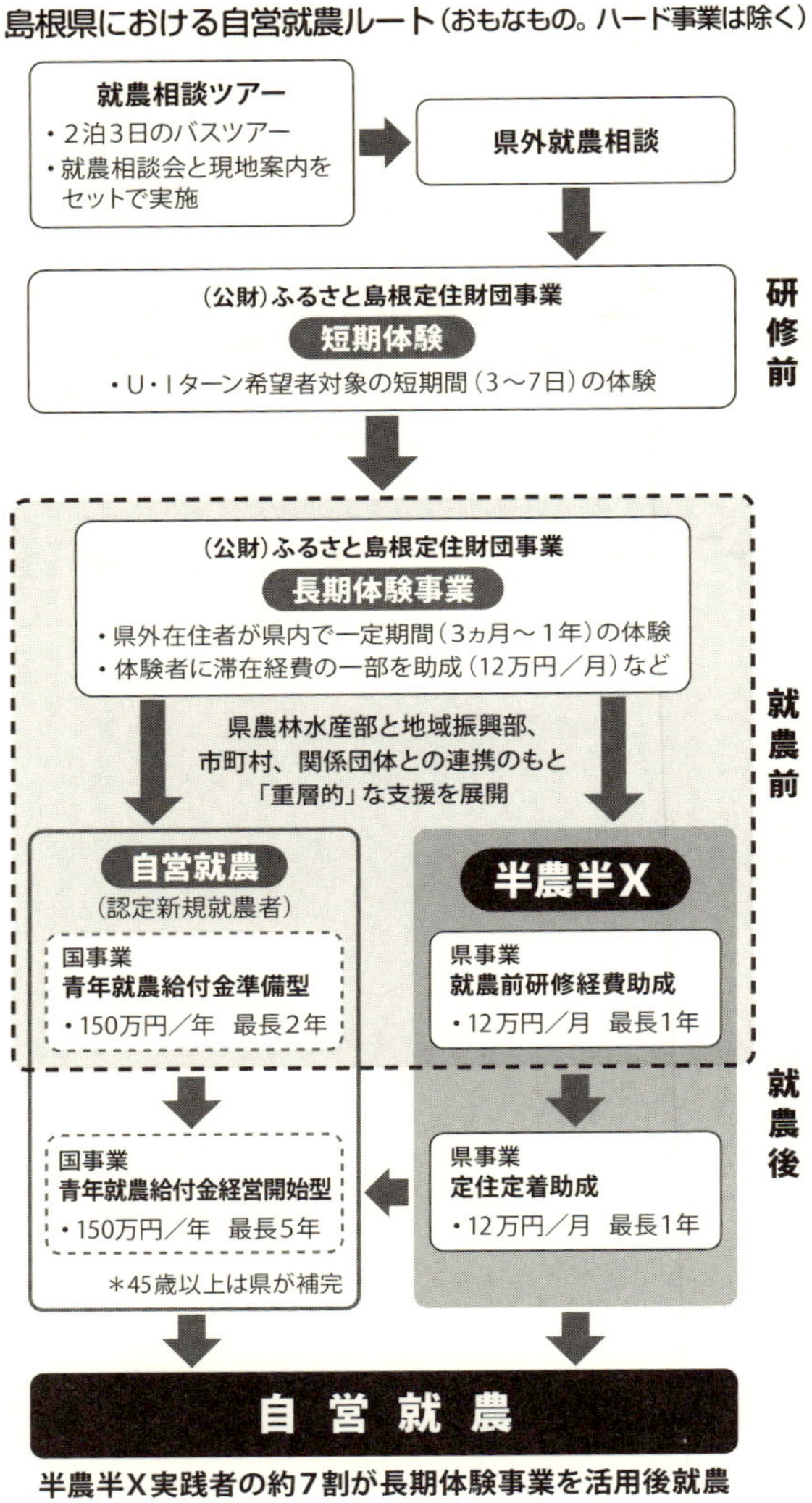

上限100万円）。

（2）高い定住効果と地域貢献度

これまで（2016年10月現在）43人の半農半X実践者に家族を含めると84人が島根県にU・Iターンしており、高い定住効果がみられている。

また、この43人のうち42人は中山間地域に居住しており、限界集落に2組6名の家族が入り、地域活動が活性化した事例もある。半農半Xパターンで最も多いのが、地域の農業法人などに勤めながら自らのやりたい農業を実践するいわゆる「半農半農雇用」といったタイプであり、このほかにも酒造や除雪といった地域の特徴的なXの取り組みもみられる（下の表）。

　このように、半農半Xの取り組みは中山間地域の人材不足も補完し、また地域活性化にもつながっていることから、県では地域貢献効果も高いと分析している。

　一方、実践者のほうは、所得面の満足度は低いものの、地域とのかかわりや生活の幸福感に対する満足度は非常に高く（下の図）、島根に来てよかったと実感している人が多い。

　以下、2人の半農半X実践者を紹介する。

半農半Xのパターン

カテゴリー	具体的な「X」	実践者数
半農半農雇用	農業法人勤務、集落営農勤務、加工所勤務など	17名
半農半蔵人	酒造会社（杜氏）	3名
半農半除雪	スキー場勤務、高速道路除雪	6名
半農半サービス	道の駅勤務、ホームセンター勤務、コンビニエンスストア勤務、新聞配達、美容業など	14名
半農半自営業	庭師、左官、写真家、音楽家	4名
半農半漁	河川漁業	1名

＊2015年12月実施アンケート調査結果および聞き取りなどをもとに集計
＊同一者が複数のカテゴリーに該当する場合あり
＊実践者のうち、7名が認定新規就農者へ移行

半農半X実践者アンケート調査結果（2015年12月実施）

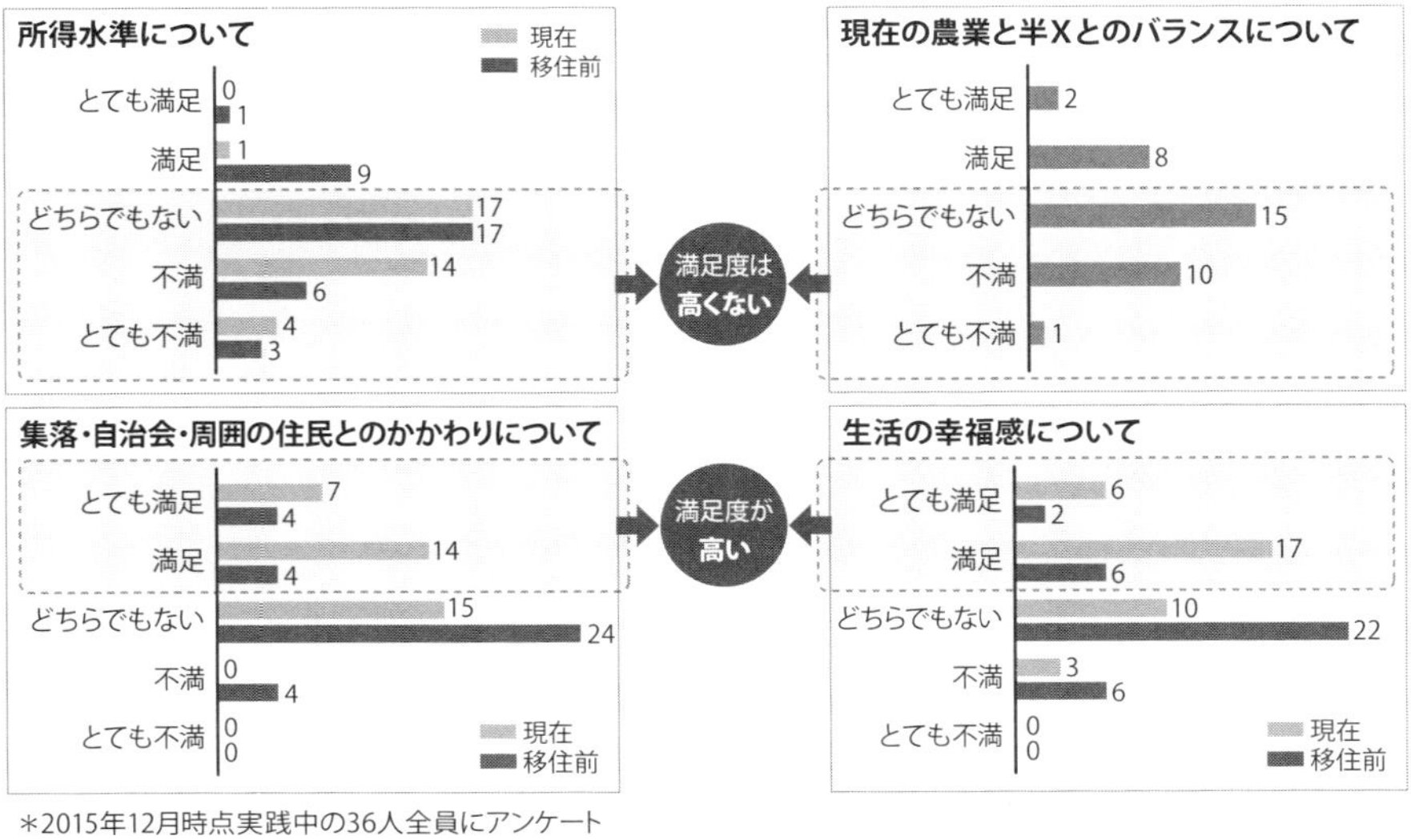

＊2015年12月時点実践中の36人全員にアンケート

女性 半農半X

［写真右］特製の刈払機を手にする金田信治さんは蔵人としても修業中
［写真左］左は古橋酒造株式会社社長の古橋貴正さん

（3）半農半X実践者紹介

半農半蔵人・金田信治さん

（津和野町在住、2016年4月実践者認定、鎌倉市出身、25歳）

大学を3年で中退し、2年間ひきこもりをしていたときに、東京の「新・農業人フェア」に参加。たまたま最初に相談した津和野町に惹かれ、2014年4月から移住し、農業研修をスタート。

特技は草刈り。186cmの長身と体力を生かし、師匠である糸賀盛人さん*7が改良してくれた普通より10cm以上長い刈払機を使って、「ほかの人より一度にたくさんの草を刈ることができる！」（本人談）。草刈りを歌った「歌わせて　ポップにレゲエラブソング　刈って払ってブンブンブンブン」は、2015年度の「農業・農村はかっこいい！　和歌コンテスト」で優秀賞を受賞。

もともと農業だけでなく、お年寄りや地域が守ってきた伝統文化を受け継ぎ、伝えてい

*7 島根県津和野町の集落営農組織、農事組合法人おくがの村代表理事。

きたいと思っていたところ、町職員から町内の酒造会社を紹介された。願ってもない話ということで即希望し、2016年4月からは「半農半蔵人」を実践中。「体力もあり、もくもくと働く」と、酒造会社からの評価も高い。

いまはトレーラーハウスで生活するが、家庭をもち津和野で永住するためのマイホームをもつことが当面の目標。

*8 旧柿木村時代から有機農業を牽引。現在はNPO法人ゆうきびと代表。

半農半ミュージシャン・菊地信司さん

（吉賀町在住、2016年4月実践者認定、川崎市出身、47歳）

自然農の本を読み、有機農業に興味をもち、有機農業が盛んで子育て支援も充実している吉賀町の「有機の里 de 子育て体験」という滞在イベントに2014年7月に参加。地域の温かいもてなしに触れ、子育て環境や役場の親身な対応も決め手となり2015年3月、家族（妻と子供）で移住し、22aの水田、27aの畑で営農開始。

それまではバリバリのミュージシャン。アンデスの民族音楽「フォルクローレ」が専門で、ギター片手に東京都内を中心に演奏活動をしていた。

最初は、有機農業の師匠福原圧史さん[*8]の「有機農業には、生活するために儲ける農業をやるのではなく、大事な農業をするために何か仕事をして生活するという感覚が大切」という言葉が理解できなかったが、農業体験をするうちに次第にわかり始めた。「この感覚は音楽も同じ。一流といわれる音楽家もいれば、大好きな音楽を続けていくため、いろいろな仕事を一生懸命している人もいる。音楽

半農半ミュージシャン・菊地信司さんとその家族

に対する姿勢は変わらない」と本人談。

こだわりの農業をするために、演奏活動や地元の子供にギターを教える「半農半ミュージシャン」がスタートした。

（4）定住施策と就農施策との重層的な支援

半農半Xが島根県において受け入れられ、定着しつつある理由として、もともとこの中国山地エリアには小さな農地での小農とたたらや養蚕などの関連産業との合わせ技で生活していた歴史があり、多業型の素地があったという背景がある。

また、半農半X実践者の7割がふるさと島根定住財団の長期体験制度活用後に就農していることから、農業部門の施策だけでなく、地域振興サイドの施策も合わせた重層的な支援があることも、実践者の定住・定着につながっている（182頁の図）。

島根県に来ている半農半X実践者は、半カメラマンや半ミュージシャンといった自らのスキルを活かしながら農業をしている人、農ある暮らし志向者、認定新規就農者になり専業農家へシフトする人（7人）など実に多様である。今後も、地域やその人に合ったX探しや提案を進め、島根県の自然の豊かさや人とのつながりなどに魅力を感じて生活する半農半X実践者の定住・定着を図っていきたい。

第6章 自伐型林業への道

いま新しい林業のあり方として「自伐型林業《じばつがた》」が脚光を浴びている。「自伐」とは施業を委託せず、自ら伐採・搬出することだが、最近は持ち山がなくても山主に代わって山林経営を行なう「自伐型」に関心をもつU・Iターン者が増えているのだ。

各地でそれを支援する研修が開催されるなか、とりわけ関心を呼んでいるのが、「作業道づくり」だ。

この章では、「林業＋X」の動きも生み出す自伐型林業とその支援・育成に注目する。あわせて、農山村での貴重な就職先である森林組合での、移住者の仕事づくりと地域への定着に向けた意識的な取り組みをみる。

実家の40haの山で自伐林家になりました！

大谷訓大（鳥取県智頭町・株式会社皐月屋代表）

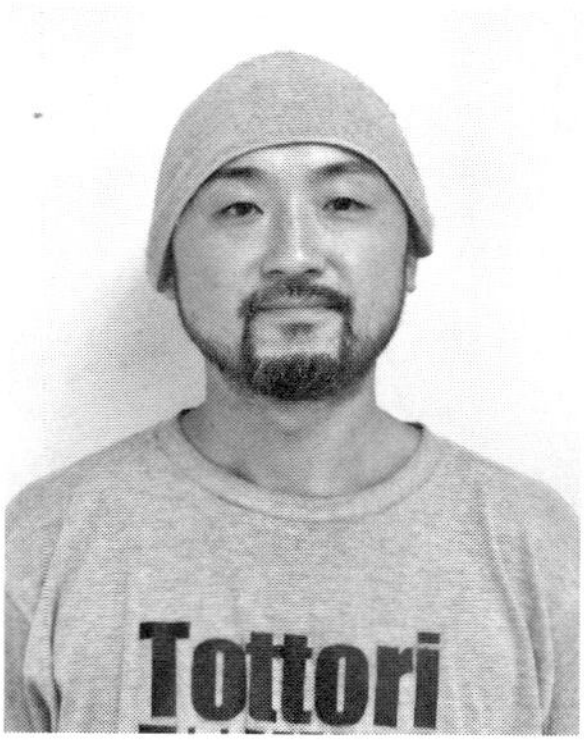

おおたに・くにひろ

１９８２年、鳥取県智頭町（ちづちょう）生まれ。Ｕターンして２０１０年から山林40ha＋水田１・５haを経営。林業事業体・株式会社皐月屋として、持ち山の材を搬出するだけでなく、他の山主からの依頼で作業道開設や施業も請け負う。「智頭ノ森ノ学ビ舎」代表。

鳥取県智頭町

(1)ヒップホップから祖父の山へ

中学生の頃ヒップホップにハマッた。1970年代、アメリカのストリートで生まれ育ったこの文化は、ラップやDJ、ダンスやグラフィックアートの表現者たちが地元への誇りや愛を象徴《レペゼン》(represent)するスタイルが大きな特徴でもある。このrepresentという言葉はいまでも僕の心のなかにしっかり残っている。

地元の高校を卒業後、親に大阪の建築専門学校に行かせてもらった。田舎から出てきた青臭い子供に大阪の街は刺激的で、ろくに勉強しなかったこともあり卒業後は定職につかなかった。気の合う友達もいて毎日はそれなりに楽しかった。けれど刹那《せつな》的に過ぎ去る日々を不安に思うことも時折あった。

大きな不安に襲われたある朝、ヒップホップが生まれた国アメリカに行こうと決断した。すぐに荷物をまとめ家を引き払い、実家に帰って留学の準備を始めた。それから1年後に渡米、23歳のときだった。

2010年、1年の留学を終えて日本に帰ってきたあと、日本人としてのアイデンティティが芽生えていることに気づいた。そして留学前には目に入らなかった景色が目に入ってきた。それは祖父が残してくれた40haの山林である。60歳にさしかかる前に他界した祖父が父の出生記念に植えたというヒノキ山が林家としての最初の現場となった。

同年、県が主催する「鳥取式作業道」の講習を受講した。作業道づくりから林業の世界に入ったのは本当によかったと思う。なぜなら作業道とは山に通す動脈。数年で崩れるような道では次の施業時に多大なコストとなってしまうし、何より後戻りできない深刻な環境破壊を引き起こす恐れもあるからだ。

僕が重きを置く道づくりのポイントは幅員2・5m以下を厳守すること。なぜなら大きく切り盛りした道ほど崩れやすく、大型の林業機械を林内に入れないことで目先の利益にとらわれた過度な伐採を防ぐことにもつながるからだ。

(2)副業型自伐林業は「お百姓さん」

昨今、「副業型自伐《じばつ》林業」という言葉をよく耳にする。おそらく僕の経営もそれに当てはまるのだろう。漢字でみるとガチッとしたイメージだけど、要は昔の「お百姓さん」なんだと思う。

昔のお百姓さんは春から夏にかけて田んぼの準備。秋にイネ刈りが終わってから雪が積もるまで山に入る。冬は家でワラ細工などの手仕事をして春が来るのを待つ。食べ物もエネルギーも自分でまかなうことができた。それと同じように僕も父と一緒に田んぼや畑をしながら林業を営んでいる。

(3)小さい林業機械で十分やれる

林業の世界に入るのはハードルが高いイメージがあるが、僕はそうは思わない。確かに、林業地で持ち山がある僕は条件に恵まれているが、いま使っている2・5tの

[写真右] バックホーを使った山林の作業道づくり。町内は急峻な地形でマサ土（花崗岩が風化した土）が多いので、道が崩れないように木組みも多用する

[写真上] 持ち山で樹齢100年のスギの大径木を伐倒。この道50年の地元の名人にコツを教わる

バックホーは中古で数十万円、林内作業車（運搬車）にいたっては母方の祖父が愛用していた30年選手を、いまでも直しながら使っている。3tユニック[*1]だけは中古を200万円ほどで入手したが、初期投資を抑えた小さい林業経営なら誰でも入りやすい。

道具がそろえば、あとは現場での技術のみ。最近は全国各地で林業塾なんかも盛んに行なわれている。木を切ることはさほど難しいことではないが、一本一本丁寧に伐倒する積み重ねが、安全にもつながっていく。忙しいときほど一服しながら仕事をするのが大事なポイントだと思う。

（4）自伐型林業は「儲け」より「稼ぎ」

最近、さまざまなところで自分の取り組みを話す機会が増えてきた。話を終えたあと、必ず聞かれるのが「それは儲かるのか？」ということである。昨年の売り上げは800万円ほどだった。内訳は持ち山の間伐材の売り上げ、作業道開設の請け負い、それと補助金が同じような割合で、残り1割が水田1・5haの米の産直になる。

僕は「儲ける」というより「稼げる」かどうかだと思う。「稼ぎ」とは現場でかく汗の量に比例する。1本1本の材に手間ひまをかけることである。林業で儲けようと思えば必ず山は荒れて持続性を失う。自分の代はよくても次の代や、そのまた次の代に胸を張った山林を残すことはできない。

特別栽培米のコシヒカリは、直売所やネット産直などで販売（2kgで1500円）

（5）山の仕事は未来への投資

智頭町は400年の歴史をもつ林業地[*2]。10年にも満たな

＊1 ユニック車とはクレーンを装備したトラックの通称。トラックの荷台または運転席と荷台の間に取り付けられたクレーンを使って重量物を荷台に積み込み、運搬することができる。

いキャリアの僕の仕事など歴史のひとコマにもならないだろう。ただ、自分でも気づかないうちに智頭林業をrepresentしている自分がいるのも確かである。

自伐型林業の本質とは「一度携わった山林から離れない経営」だと僕は思う。自分はもちろん、もしかしたら将来、息子や孫が帰ってくるかもしれない山林なのでけっして乱暴な施業はせず、生長の悪い木から順番に切っていく。未来に投資をする意気込みで山づくりを進めていくことが大事である。山に植えられた木々たちは、先人がわれわれに向けて残してくれた投資だからだ。

2015年春、大阪からIターンで来られた同世代の方と縁ができ、雇用契約を結ぶタイミングで会社法人（株式会社皐月屋）を設立した。今後は施業できなくなった山主の代わりに山を守る「山番（山の番頭さん）」に選んでもらえるように努力していきたい。

また、ここ5年ほどで林業の世界に飛び込んでくる若者たちが増えている。地元の山を守る健全な技術とモラルを伝える「自伐型林業塾」も主宰していこうと思う。教えることで自分たちのスキルアップも図っていきたい。

祖父から引き継いだ山。Uターンする前は、サラリーマンの父が土日に切り捨て間伐で手入れしてくれていた。おかげで間伐材でもA材、B材がとれる太さがある

＊2
人口約7422人（2016年12月1日現在）。町の93％を占める山林はほとんどスギで「杉神社」もある。東日本大震災以降、子育て世代の移住が増えており、山の仕事についた人も多い。

智頭町で始まった自伐型林業塾

2015年秋、智頭町で「智頭ノ森ノ学ビ舎」という若手林業家の団体が立ち上がった。発起人の自分が代表を務め、メンバーは地元出身者6名と移住者8名、顧問1名で構成されている。会の理念は「人を活かす　山を創る」で、会の立ち上げ時に町から町有林60haを提供していただいた。いつでも、誰でも、真剣に林業を学べる環境を整備している。*3

同年秋から冬にかけてそのフィールドで自伐型林業塾を町と合同で開催した。内容は伐倒、搬出、作業道開設と大きく三つに分かれている。それぞれの講師の方は自伐型林業推進協会（自伐協）*4から派遣してもらった。どの方の教えも経験に基づく実践的なものでとても勉強になり、自分自身も一から林業を学び直すよい機会を得ている。なかでも智頭の急峻な山林にこわれない道づくりの重要性を感じているメンバーにとって、作業道の塾は重要である。講師の方は奈良吉野から清光林業の岡橋清隆先生と徳島の橋本林業の橋本光治先生。本のなかでしか知らない大橋慶三郎先生のイズムをお二人から感じている。

2016年も林業塾が始まった。メンバーの大半は1年前よりおのおのがスキルアップしており、前年までとはまた違った視点で学んでいると思う。学び舎としては2016年秋に林内作業車を購入した。ふだん現場をもってないメンバーを中心に、町有林で施業を開始する。学んだことを実践していく段階に突入した。

（大谷訓大）

***3**
智頭町はこのような智頭ノ森ノ学ビ舎と連携した林業塾の開催や空き家のバンクのほかに、①山林バンクの設立（不在地主の山林などを町が引き取り、自伐型林家を目指す若者に貸し出す）、②年100日、月10日林業に従事する若者に月5万円の補助、③林業資格の半分補助など、自伐林家を応援している。また、鳥取県も林業改善資金の貸し出し（10年間、無利子）や機械購入の3割補助、機械レンタルの5割補助を行なっている。

***4**
自伐型林業を始めようとする個人やグループ、自治体を支援しようと2014年に設立された団体（NPO法人）。全国での活動展開については215頁の記事参照。

自伐型林業＋Xの〈複業〉で、若者の仕事をつくる

宮﨑　聖（高知県四万十市・「シマントモリモリ団」団長）

みやざき・せい

1978年、高知県四万十市（旧中村市）生まれ。大学卒業後にUターンし、実家の製材所を手伝いながら、貸しコテージの運営やカヌーガイド、自伐型林業などの仕事を組み合わせて生計を立てる。近年は、移住者向けの「自伐型林業ツアー」なども開催。

高知県四万十市と幡多地域

90年代後半から注目されている「半農半X」は、半自給的な「小さい農業」を営みながら、残りの時間（X）は、自分のやりたい仕事に力を入れるという生き方です。林業でも同じような発想ができるのではないでしょうか。私の場合は、「小さい林業」と観光業の組み合わせ。いま、自伐型林業＋Xの〈複業〉がU・Iターンの定住の可能性を広げています。意外なことに自伐型林業があることで、Xの収入も増えているのです。

（1）森林ボランティア組織をつくって「自伐」に挑戦

私は大学を卒業後、16年前に地元にUターン。実家の製材所の知的障碍者福祉工場で木工加工を学びながら、カヌーのガイドや貸しコテージの運営で生計を立ててきました。しかし、四万十市の観光業は8月の夏休みに集中しているうえ、自然体験施設は天候に左右されるので収入が不安定です。ほかの時期に何かよい仕事はないかと考えていたところ、２０１１年に参加したフォーラムで、ＮＰＯ法人土佐の森・救援隊[*5]（高知県いの町）の「副業型自伐林業[*6]」に出会いました。退職してから林業を始めたという親子が、４年目で年収１０００万円を超えたという話を聞いて、これなら自分にもできそうだと思いました。

さっそく、土佐の森・救援隊の講座に申し込んで、林業に最低限必要な伐倒・搬出の知識を学び、２０１３年には地元の自然学校の仲間たち10人と、森林ボランティアグループの「シマントモリモリ団」を結成。東京から移住してきた谷吉（旧姓：秋山）梢さん（27歳）や夫で地元出身の谷吉勇太さん（30歳）らがメンバーに加わりました。

当時、高知県では森林ボランティアの団体に対し、最大50万円まで助成する制度があったので、チェンソーやヘルメットの購入など、初期投資はゼロです（バックホーなど高額の重機はリース）。あとは山さえ持っていれば、すぐに自伐林業を始められたのですが、メンバーに山林所有者はいな

*5 ２００３年、高知県いの町で設立され森林ボランティア団体（理事長・中嶋健造）。高知県仁淀川流域の山林をフィールドに、地域通貨と組み合わせた林地残材の収集運搬システム「C材で晩酌を！」を実践。チェンソーと軽トラさえあれば、誰でも参入できる「自伐型林業」を各地に広めている。

*6 「自伐」とは施業を委託せず、山主が自ら伐採・搬出することだが、最近は持ち山がなくても、山主に代わって山林経営を行なう「自伐型」に関心をもつU・Iターンの若者が増えている。

かったので、まずは施業をまかせてもらえる山探しから始めました。1年目は叔父が所有する1haの山を間伐。2年目以降は、自宅から車で5分のところにある祖母の山（40年生のヒノキ山7haで、「モリモリ団山」と命名）が活動拠点となり、観光のオフシーズンに作業道づくりや木材の搬出を行なっています。

（2）幅員2・5m以下の作業道づくりから始める

7haほどある祖母の山は谷沿いの急傾斜地で、谷川を渡って山に入る作業道をどうつけてよいか迷いました。素人があれこれ考えてもラチがあかないので、徳島県那賀町《なかちょう》の自伐林家・橋本光治さん*7（70歳）に作業道づくりの出張講師を依頼。これが大正解でした。

当初、私たちは谷川に橋を架けようと考えていましたが、橋本先生は「そんなもんカネはかかるし、万が一にも落ちたらどないすんのや。ここは安くて、安全な『洗い越し』*8のほうがええわ」とアドバイス。確かに丸太で橋を架けるとなると、材料代だけでも10万円以上かかりますが、河床に丸太を敷くだけの「洗い越し」なら丸太を止める釘代の1000円ほどですみました。約5mの洗い越しをつくるのに2人で1週間ほどかかりましたが、少しずつできていくのがおもしろくて、苦にはなりませんでした。

さて、洗い越しが完成したら次は谷沿いに作業道をつけていきます。途中で大きな岩がゴロゴロ出てきて行く手を阻みますが、ここでも橋本先生の助言が役に立ちました。岩を砕く道具の電動ブレーカー*9をレンタルすれば1日2万～3万円

沢が道と交錯するところにつけた「洗い越し」

*7 徳島県那賀町で山林100haを経営する自伐林家。1978年に銀行を退職後、大阪府指導林家の大橋慶三郎氏に作業道を学び、持ち山に総延長35㎞ほどの高密路網を開設した。現在、NPO法人自伐型林業推進協会の理事を務め、各地で作業道づくりの指導にあたる。

*8 河川に橋を架けず、川底に丸太を敷いたり、石畳にするなどして自動車のタイヤが埋もれないように処理する渡河手段。

*9 コンクリートや岩石の破砕に使う機材。先端のニードルを打ちつけることで岩を細かくしていく。

かかりますが、橋本先生の教えどおり、ハンマーなら購入しても4000円ほど。大きな岩でもハンマーでたたいて割れをつくっておけば、3tバックホーで砕いて進むことができました。

（3）我慢すればもうすぐ天国や

橋本先生に教わった作業道は、幅員2・5m以下が原則（高知県では2・5m以下の作業道を対象に2000円／mの補助金が出る）。路線上にある木をチェンソーで切って、株をバックホーで掘り起こします。傾斜がキツイところは路肩の転圧が難しいので、丸太組をして補強。とにかく、しっかりと丁寧に。あとで直すことになるなら、最初からきちんと作業していくのが大事で、最も効率的です。

橋本式作業道の断面図

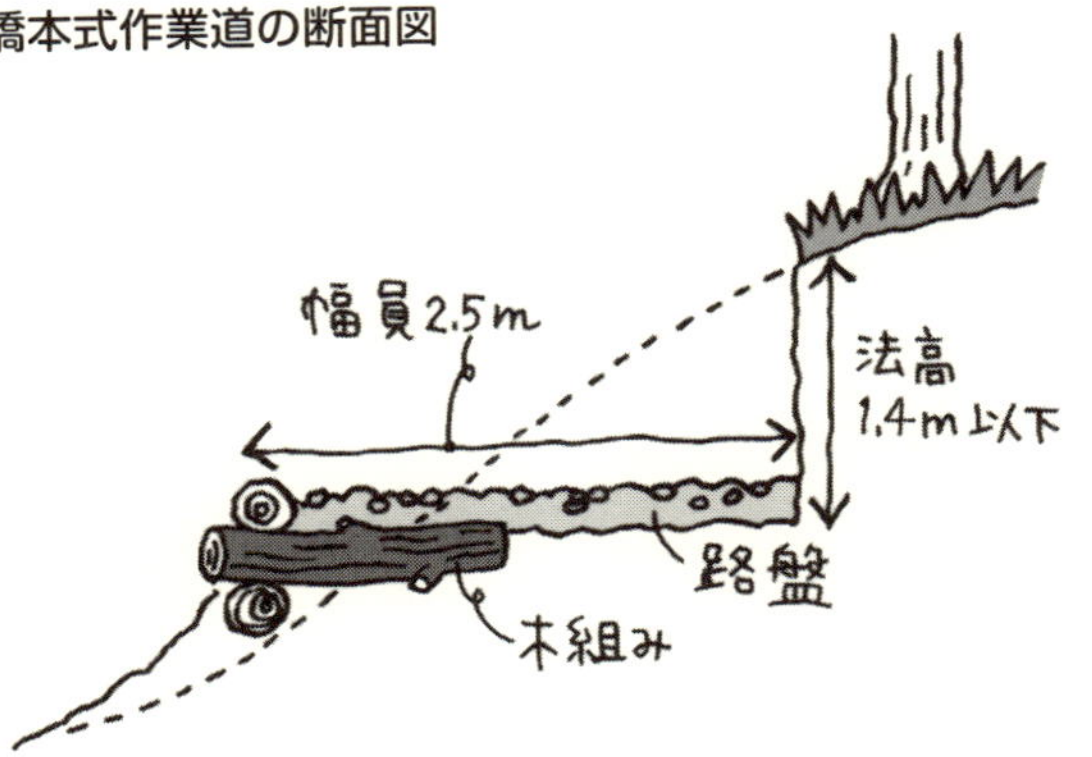

＊幅員2〜2.5m、切り取り法高1.4m以下が基本。木や草の根の土壌をつかむ力が土圧に負けない高さなので、法面保護工の必要はない。路肩部分に縦横2段の木組みを入れたり、路盤に砂利を充填して道を補強することもある

崩れやすいヘアピンカーブなどはバックホーで進んでは戻り、つくっては直しと、平坦な作業道の3倍ほど時間がかかりました。途中、伐開幅（木を伐る幅）が無駄に広くなってしまったり、急勾配《こうばい》の道をつけてしまったところもあり、なかなかうまくいきませんでした。作業道づくりは、一人前になるのに20年かかるといわれますが、それであきらめるのではなく、我慢して、少しずつ技術を身につけていくしかありません。

こうして、約500mの作業道をつけるのに2人で約30日。平均すれば1日16mで、収入は補助

＊10 作業道づくりの際、通行の妨げになるため伐採する木のこと。

＊11 公共温泉「山みずき」では、国産薪ボイラーの「ガシファイアー」（アーク日本株式会社製）を3台導入。燃焼室が大きいので薪を小割りする手間がいらず、玉切りした1mの丸太をそのままくべられる。

金の3万2000円＋支障木代[*10]となります。一方、経費は軽油代3000円（20ℓ）とバックホーのリース代3000円なので、日当はひとりあたり1万4000円ほど。これは県の最低賃金・時給714円と比べると約2・5倍になります。

また、橋本先生は「我慢して進めなさい。我慢すればもうすぐ天国や」と言いますが、作業道ができることによって、軽トラックで簡単に山に行けるようになり、本当に世界が広がりました。たとえば、自伐型林業の講座、学生や社会人の間伐体験、子供たちの作業道散歩、間伐材の薪利用など、いろいろできるようになりました。

（4）薪ボイラーの設置で、C材が1㎥7000円で売れる

作業道の補助金以外、山からの収入は、地元製材所に出荷するA材と薪ボイラー用のC材の販売。2014年に地元の公共温泉「山みずき」が薪ボイラー[*11]を導入して以来、C材を1mの長さに玉切りして温泉に持ち込むと1㎥7000円で買い取ってくれます。モリモリ団の場合は、軽トラに積んで運んでいますが、年間70㎥ほどのC材を供給しています。

燃料用だから造材に失敗しても問題ありません。チェンソーの研修を受ければ誰でもできるし、1m規格で軽トラにも積み込みやすいので、自伐型林業の入り口にピッタリです。

温泉側も重油から薪に切り替えたことで燃料代が3分の1以下になり、温泉のかけ流しも可能になりました。

作業道のおかげで軽トラで楽々と材を搬出できるようになった

バックホーで作業道づくり

自伐型林業

（5）造材の技を磨きたい

本当におもしろいのは、伐倒・造材[*12]など、間伐をくり返しながら木を育てていく山づくりです。特に造材は腕のみせどころ。1本の木をいかに高く売るか、原木市場の相場表を見ながら、材の長さ（3m・4m・6m）や末口径[*13]、曲がりを見極めて、一番高くなる造材を考えるからです。たとえ40年生のヒノキの放置林でも、造材の工夫で高単価のA材をきちんととることができます。1㎥当たり1000円以上単価が上がれば、年間の搬出量によっては数十万円も収入が増えるのです。これが一生だとすごい金額になります。

最近の大規模集約型林業は、補助金に誘導されるため、生産性を優先した皆伐や列状間伐が施業の主流で、造材も機械化で一律の長さにカット。木1本1本をみる選木や造材の技術がなくなっているように思います。1日5万円の生産をしても、作業員の日当は1万円程度。これではやりがいがもてません。高知県内では2015年度の林業従事者（雇用型）は50人ほど減っていますが、自伐型林業を支援する「高知県小規模林業推進協議会」[*14]の会員は2014年の設立から2年で300人に増加、実践者も100人以上になっています。なかにはIターンで山を確保し、自伐型林業を始める会員も出てきました。

私たちのような林業の初心者でも、的確な支援や技術指導があれば、自伐型林業を始めることは十分可能です。まだまだ経験不足で作業効率が悪いのですが、赤字ではありません。

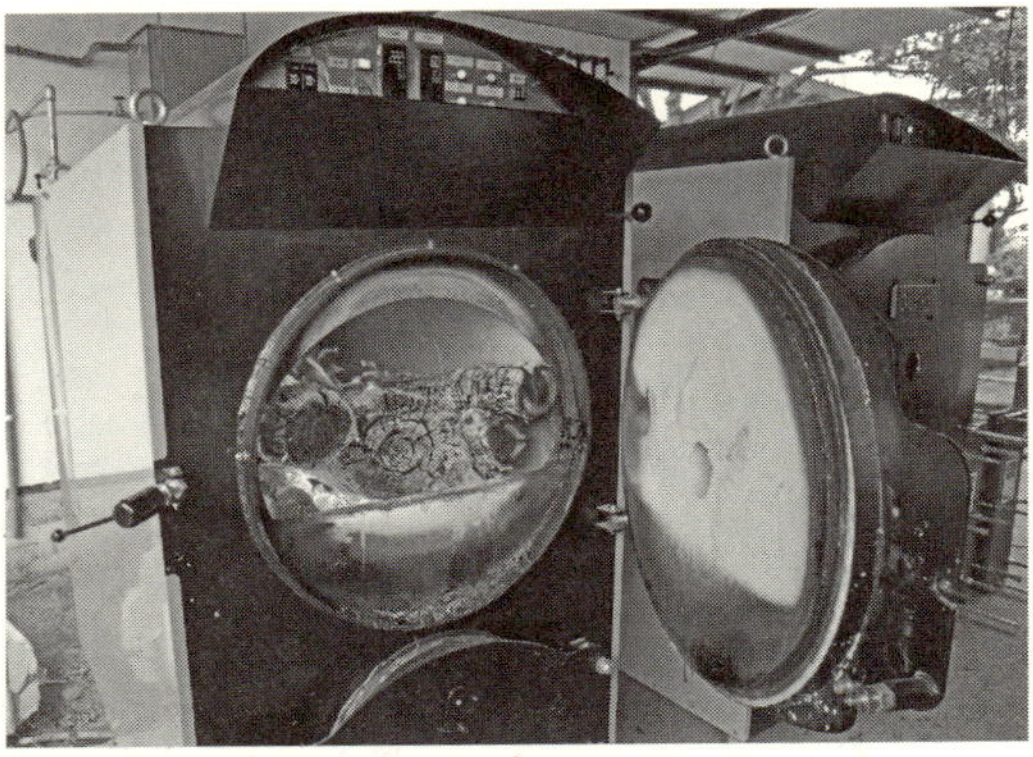

公共温泉に設置した薪ボイラー「ガシファイアー」

*12 伐倒した木の枝を払い、寸法を測って玉切りしていくこと。倒しただけの木から、「丸太」という商品につくりあげる作業で、曲がりが少ない丸太ほど良質な柱材になるので高単価になる。

*13 丸太の切り口が細いほうの直径。検寸のときに14㎝以上は「2㎝括約」で、16㎝以上18㎝未満のものは「16㎝」の扱いになる。つまり、17・9㎝で出荷するのが一番損。

*14 小規模林業の推進を目的に2014年に設立（事務局：高知県森づくり推進課）。小規模林家やNPO法人、森林ボランティア、林業研究グループなどを対象に、自伐型林業の研修や支援事業などに取り組んでいる。

また、補助金は作業道のみで、間伐の分はもらっていません。というのも、間伐の補助金は搬出量の条件があるので、「副業」という位置づけの自伐型林業には合わないからです。

（6）夏は観光業、冬は自伐型林業の〈複業〉が生まれた

谷吉梢さんは4～10月の観光シーズンは四万十市のカヌー体験施設でインストラクターとして働き、それ以外はモリモリ団で自伐型林業に従事しています。先述したとおり、四万十の自然体験施設の旬は夏のみ。シーズンが終わればバイトはサヨナラでした。カヌー体験施設は毎年、夏になるとバイトを募集して、一から教えないといけないのでインストラクターの質も上がらず、繁忙期に詰め込んで仕事をするので、体験の質も落ちてリピーターが減少という悪循環になっていました。

この流れを断ち切ったのが、冬にきちんと収入になる自伐型林業です。中古の軽トラック（30万円）とチェンソー（7万円）は購入。3tバックホーや林内作業車といった高額な重機はすべてリースなので、作業道づくりの補助金（2000円／m）で十分まかなえました。2年目には、道づけした山でA材は地元の製材所、C材は温泉施設に出荷することで、補助金以外の収入も見込めるようになったのです。

梢さんはバックホーだけでなくチェンソーも扱えるので、地元の特殊伐採[*15]（農地の支障木の伐採など）の手伝いなど、林業の補助金以外の収入も見込めるようになり、2年目は年収190万円ほど、3年目となる今年は、夫婦ともども観光業＋自伐型林業の「複業」で年収400万円を目標に

＊15
立ち木を倒さないで伐採する方法。根元から伐らずに不要な部分だけ伐採して、木を長生きさせることもできるし、景観づくりにもなる。

チェンソーで木を伐る谷吉梢さん

掲げています。まだ小さい仕事ですが、しっかり自立を目指して進んでいます。

（7）就労機会がどんどん広がる

最近では私たちの活動を見て、周りでも自伐型林業を始める同世代（20～30代）が増えてきました。それこそ「高知県小規模林業推進協議会」の会員は、四万十市*16を含む幡多《はた》地域の6市町村で100人ほどになり、うち20人ほどが、作業道づくりや搬出間伐に取り組んでいます。

谷吉梢さんの収入の内訳

秋冬 （10月～3月）	春夏 （4月～9月）	 （スポット）
自伐型林業	**観光業**	**農業**
作業道敷設・薪づくり	カヌーガイド	イベントの手伝い
97万円	90万円	10万円

＊実働は1日6時間で、月10日ほど。

私の場合は、木工業＋観光業＋自伐型林業の組み合わせですが、木工業（ベンチボックスや収納棚など）が収入の中心で、貸しコテージ業は夏場だけの収入で不安定です。しかし、モリモリ団の自伐型林業が注目されるようになってからは視察の受け入れや取材が増え、冬場も貸しコテージを稼働。観光業の収入アップに自伐型林業がプラスに働くようになりました。当初は、自伐型林業だけで周年稼げる仕組みをつくろうと思っていましたが、なぜか、これまで限界を感じていた元の仕事が、林業と組み合わせることで安定してきたのです。

本業の収入が減りそうなときは林業で補填。山に作業道さえ開設しておけば、いつでも材を出荷できるので安心です。1次産業の自伐型林業（作業道敷設・搬出間伐）を行なうことで、2次産業の木工や炭焼き、原木シイタケの栽培、3次産業の観光、自然体験（グリーンツーリズムやエコツーリズム）など、さまざまな仕事がうまくつながっていくと確信しています。

自伐型林業も3年目に入って作業が落ち着いてきたので、2016年にはモリモリ団山を活かした

*16 高知県四万十市（1万6000世帯・3万5000人）は、2005年に中村市と西土佐村が合併して誕生。総面積の85%が森林で、四万十川流域は優良なヒノキの産地として知られる

新しい挑戦も始まりました。村おこしNPO法人「ECOFF」（東京都文京区）と7泊8日の移住者向けの自伐型林業体験ツアーを企画したところ、定員10名がすぐにキャンセル待ちとなりました。そして参加者のひとりが山を購入し、移住することも決定。新規就林を志す新しい仲間がまたひとり生まれたのです。

自伐型林業は林業再生だけでなく、中山間地域の再生だと思います。単に木の伐採・搬出だけでなく、山を守り、地域に住みついて、地域を代々担っていくことも使命。人口減、若者の就労機会の確保、人材育成、福祉など地域の課題を解決していける可能性が十分あります。

50年先のことはわかりませんが、山に作業道をつけておきさえすれば、いつでも木が出せるので、自伐型林業をしたいというU・Iターンの受け入れもできます。そして、間伐をくり返すことで木の本数は減りますが、1本1本の木が太るので材積は増えます。その結果、収入を上げながら、仕事量は減少。空いた時間で農業や観光業と組み合わせた「複業」ができます。「林業は儲からない」といわれますが、組み合わせ次第で地域に就業機会をどんどん広げる可能性をもっていると思います。

高知県佐川町

高知県佐川町
「地域おこし協力隊」を自伐林家として育て、定住させる

森 仁（高知県佐川町産業建設課・自伐型林業推進係）

（１）大規模集約型林業から自伐型林業へ

高知県の中西部に位置する佐川町《さかわちょう》（人口約１万３５００人）は、日本一の水質を誇る仁淀川の支流沿いに開けた中山間地域です。

森林率73％の当町の林業施策は、全国的な流れと同じ大規模集約型林業が主流でしたが、大きい山林所有者が少ないことや一筆の土地の面積が狭く集約が難しいことも重なり、林業が活気づくことはありませんでした。そんな折、２０１３年に新しく就任した堀見和道町長の方針で、従来の高性能機械による大規模集約型林業とは方法がまったく異なる「自伐型林業」推進に方向転換することになったのです。*17

自伐型林業では、他人の山林を施業する場合であっ

*17 ２０１５年３月、町は自伐林家の支援や材の流通・買い取りの仕組みを協議する「佐川町自伐型林業推進協議会」を設立。産業建設課内に「自伐型林業推進係」を設置した。

ても自伐林家の経営理念と山林管理の手法を取り入れ、基本的に皆伐は行ないません。長期計画で山林を管理し、間伐をくり返すことで永続的に山から収入を得られるようになります。また、「佐川町の山で雇用を創る」という面でも、大規模集約型林業よりも多くの人が林業で働くことができます。

(2) 林業専任の地域おこし協力隊

自伐型林業の中心的な人材を育てる手段として活用しているのが、総務省の「地域おこし協力隊」です。２０１４年から２０１５年にかけてＵ・Ｉターンの男女９人（20～50代）を自伐型林業の担い手候補生として採用しました。

採用された地域おこし協力隊のメンバーは、県内外で活躍している「ＮＰＯ法人土佐の森・救援隊[*18]」の協力のもと、町有林を使って間伐材の伐倒や集材・搬出、作業道敷設などの技術を習得。スキルアップ研修では、徳島県の橋本光治氏[*19]や愛媛県の菊池俊一郎氏[*20]、兵庫県の山口祐助氏など、一流の自伐林家から個別指導も受けています。また、高知県林業学校で行なわれる林内作業車やバックホーの技能講習にも積極的に参加。自身のスキルアップに励んでいます。

(3) 山の仕事で地域になじむ

一方、町民向けの研修会も年間18回

坂口若葉さん（24歳）は2015年、京都の大学を卒業してUターン。佐川町の地域おこし協力隊員になって、自伐林業の研修中

＊18 １９６頁＊５参照。

＊19 １９７頁＊７参照。

＊20 愛知県西予市の若手林業家。ミカン山２ha、山林28haを経営。所有機械はチェンソーと林内作業車のみ。造林技術を駆使して効率的経営を展開している。詳しくは「『自伐林家は儲かりますよ』と言う男」『季刊地域』19号、２０１４年11月参照。

りが広がっていきます。

隊員たちは週4日の公務とは別に、林業のPRや地域活性化につなげるために「さかわ戦隊キコリンジャー」を結成。協力隊は副業がOKなので「森林の多面的交付金」[*21]を使って日当を捻出し、町内の竹林整備や伐採した竹を竹炭や竹ぼうきに加工してイベントで配布したり、地元の小中学校で講演や木工教室を実施するなど、休日も精力的に活動しています。

2015年3月には「キコリンジャー祭り」と題し、林業を題材にした映画の公開や子供向けの「竹トンボ飛ばし大会」などを開催。地元の人たちにも少しずつ顔と名前が覚えられるようになってほど開催。ここにサポート役として協力隊が参加することで自伐型林業に興味がある住民とのつなが

*21 正式には森林・山村多面的機能発揮対策交付金。地域住民が中心となった民間協働組織（活動組織）が実施する、地域の森林の保全管理などの取り組みに対し、一定の費用を国が支援する。

佐川町地域おこし協力隊のメンバー。皆さん山の仕事が大好き

町が民間の空き家などを借り上げ、協力隊員の住宅として無償貸与

佐川町・自伐型林業推進の構想

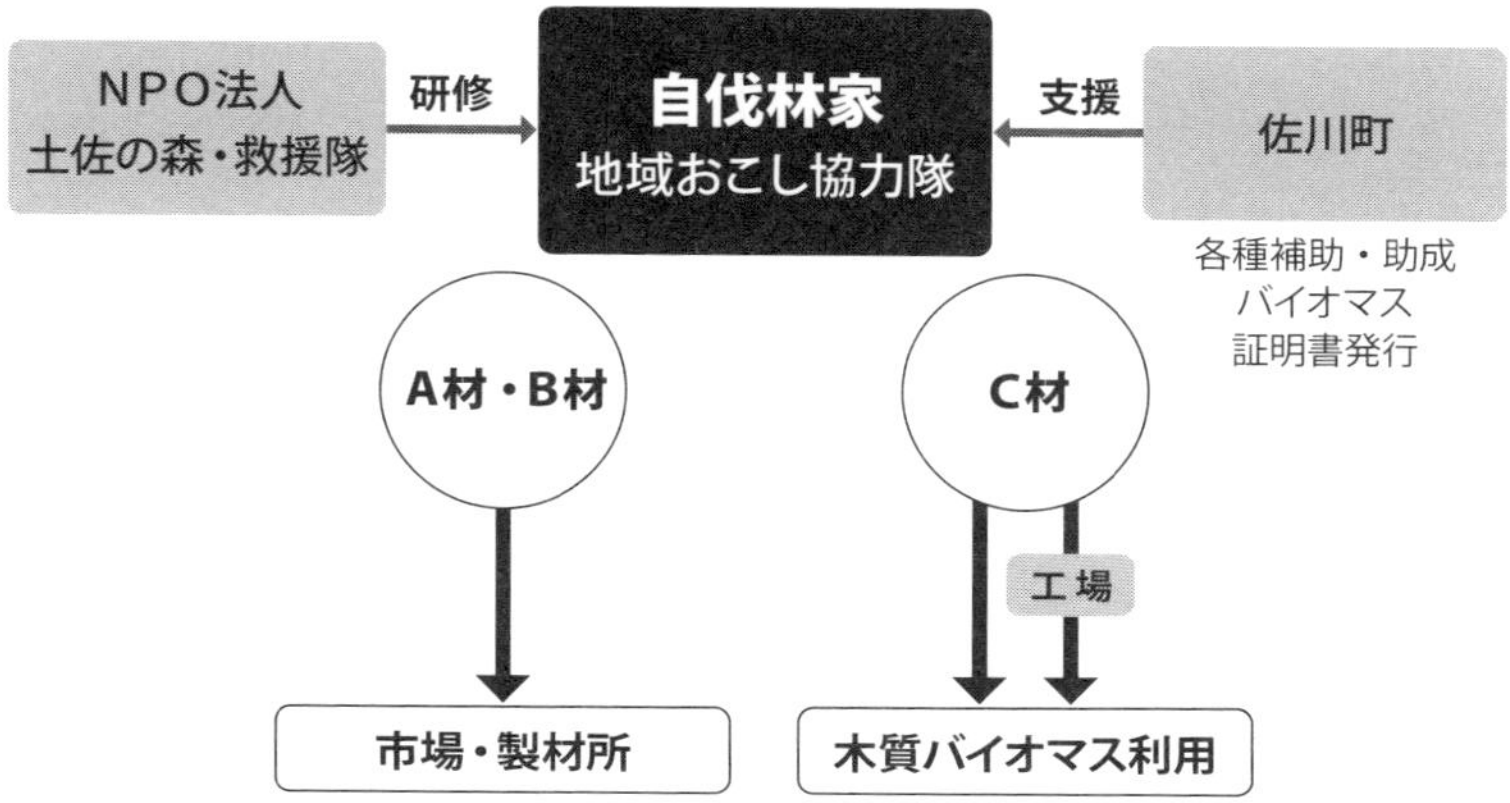

＊同じ間伐材でもA材・B材とC材で販売先が変わる。今後は町内に中間土場を設置し、C材の輸送コストの削減を進める

きました。

（4）町が集約化、任期後の仕事づくり

しかし、協力隊が3年の任期終了後、林業で自立するためには施業できる山林の確保が必要になります。そこで現在、山林の集約化に町として取り組んでいます。

集約が進めば、作業道を効率的に整備できるので間伐材の搬出も容易になり、山主と担い手が一定の収入を確保できる仕組みになります。構想では町内の山林所有者に協力を呼びかけ1区画100ha、40区画ほどに集約して森林経営計画を作成。それぞれの計画地で自伐林業チーム（2～4人）をつくることで理論的には160人ほどの山の仕事を創出することが可能になります。幸い、当町の地籍調査は9割以上が終了しており、境界の座標値を町が管理しているので境界確定はほぼすんでいます。今後は町職員が山林所有者（不在地主も含む）の同意を一つひとつ取りながら集約を進めていくことになります。

また、搬出材の流通の仕組みづくりも検討中です。これまでC材は町外のチップ工場で1tあたり3000円の買い取りでしたが、近年、県内3ヵ所でバイオマス発電所の稼働が始まったことで町が「バイオマス証明」を発行。1tあたり5500～8000円で販売できるようになりました。

このように、佐川町では林業施策と定住対策を組み合わせる新しい取り組みが少しずつですが、確実に前進しています。かつては当たり前だった「自分の山は自分で管理する」「管理できなくなったら寄合で助け合う」、そんな小規模林業を復活させるためには、佐川町に来てくれた隊員たちにひとりでも多く定住してもらうことが必要です。自伐型林業の担い手として、さらには地域の担い手として佐川町の救世主となってくれることを願っています。

ふだんの仕事は町有林の整備。玉切りした丸太をみんなで搬出する

群馬県・上野村森林組合 林業の6次産業化の村

飯野 実（群馬県上野村森林組合業務課）

上野村の森林は６割が広葉樹。「木工の里」として知られ、デザイナーや職人の移住者も多い

「都会を離れて山での生活をしてみたい……」。そんな思いを抱いている人は少なからずいるだろう。かくいう私もそのひとりだった。

里山の暮らしにあこがれて家族とこの地域に移住。森林組合に勤めて15年ほどになる。

(1) 森林組合に移住者が続々就職

上野村森林組合には、ここ5年で7人が就職。現在も6人が仕事を続けているので定着率は高いほうだろう。地元出身者は1人で、あとは都会からのIターン者である。20代が2人、30代が2人、40代が2人、そのうち妻帯者は2人だが、移住後に結婚した人もいる。

上野村は他の地域から通って仕事をするのが難しいので村内に住み、この地域の生活習慣にどっぷり浸かりながら自分の仕事と生活を継続できる人が長続きする。村長も「少子高齢化に対抗できるのは、自然減を上まわる移住者とその定着が必要」と言っているとおり、仕事の確保には村を挙げて取り組んでいる。

(2) 木材加工、発熱・発電
――林業関連産業が雇用を生み出す

当組合では山から木を伐り出し、製材・加工、販売と林業の6次産業化を手がけている。

森林整備の作業員は13人。組合員の山を維持・管理し、必要があれば作業道を開設して間伐材の搬出も行なう。かつては住宅建材のみであった木材活用も、いまではずいぶん多様化している。未利用材をそのまま林地に残すのではなく、ペレットストーブ[*22]やバイオマス発電[*23]の燃料にする取り組みも始まっている。木質ペレットを生産する工場やバイオマス発電所はいずれも村営で雇用を生み出している。

*22 ペレットとは製材副産物などを圧縮成型した小粒の固形燃料のこと。貯蔵運搬に優れる。上野村にはペレット工場があり、間伐材や端材をペレット化し、村内の燃料として活用している。

*23 上野村ではドイツから直輸入した小型木質バイオマス発電機が稼働している。ペレット燃料をガス化してエンジンをまわし発電する仕組みで、その際発生する熱も、隣接する「きのこセンター」で活用している（熱電併給）。発電出力は180kWと小さいが、村の木材産出量から無理のない規模にしてある。

加工事業では10人を雇用。丸太の製材や木工品の製作を行なっている。また、道の駅に隣接する直売所も森林組合が運営しているので、店頭やイベントでも販売を担っている。

一方、行政の支援も厚い。後継者定住対策では、生活補給金制度や住宅資金借入補給制度など独自の助成金があり、少子化対策の養育手当ても充実。村営住宅は世帯用が46世帯分、単身用が43室用意されている。

森林組合の仕事はけっして安全でラクなものではないし、問題を解決できる能力をもち、仲間を思いやることのできる人が求められている。村でも歓迎される人は45歳以下でやる気のある方だ。もちろん、山の仕事だけでなく地域活動や消防団への参加は必須となる。都会の喧騒が嫌だから、人と交わりたくないからという理由だけでは田舎暮らしは厳しいと思うが、村の慣習を理解し、仲間として参加いただけるなら、われわれはいつでも歓迎して迎える。

加工事業部門では、ケヤキやヒノキを使って器やおもちゃ、臼などの商品をつくる

奈良県・黒滝村森林組合
森林組合では、先輩移住者から技術をつなぐ

中井龍彦
（奈良県黒滝村森林組合副組合長）

重機が入れない場所の高木は、ロープクライミングを応用して剪定。経験がいる高度な技術だ

(1) 新入職員も指導者もIターン

年とともに山の様子が変わるにつれ、森林組合の仕事の内容も変わってきました。植栽、下刈り、枝打ちなどの森林撫育《ぶいく》から、現在は出材して利用する間伐へと移行。それにともなって作業道の敷設や年々太くなる大径木[*24]の伐採、ヘリコプター集材への対応など、木の生長に合わせた施業が求められるようになっています。それだけ、多種多様な技術習得が必要になってきているといえるでしょう。

こうした技術の継承がこれからの山の仕事づくりの根幹になります。我が森林組合では5人の熟練作業員の指導を仰ぐ形で、最近2年で作業員を3人、事務職員2人を採用しました。いずれも大阪や奈良など村外出身の20代の若者たちです。

指導にあたる熟練作業員も4人はIターン。田舎暮らしにあこがれて20年ほど前にこの地に移住し、山の仕事を選んだ人たちです。この村で結婚し、子供を育て、地区の付き合いや消防団活動にも積極的に参加。少子高齢化が著しい村のなかで、小中学校存続の要にもなってきました。

林業の仕事面ではほとんどの資格や技術をもつまでになり、日々新米の若手作業員とともに山に出かけ、時々はうるさがられるものの、後輩たちの育成に努めています。

(2) 村への移住を新規採用の要件に

下刈りや枝打ちは少し教えればできるようになりますが、重機の操作や伐採、選木は、経験や「勘」を要します。技術習得にはかなり個人差があるので、先輩がマンツーマンで指導することもあります。そうしたなか先輩作業員も「見て学べ」だけの古風な意識ではなく、口で教えることも指導方針にするようになってきています。若手作業員が一生懸命になっている姿に「昔の自分」をみているからだと思います。今後、教える側にも学ぶ側にも求められるのは、ひと言で言えば「厳しさ」で

*24 普通、胸高直径が70cm以上の立木をさす。

あり、キャリアアップにつなげようとする「自立心」であると思います。

新規採用の面接では、黒滝村への移住を一番の要件にしています。山仕事は自然との付き合いであり、その地域、その日の天候によって判断しなければならない状況が生まれます。気候変動による障害や動物の生態系を知っておくことも必要になります。自然との付き合いを身近に経験することで優れた「勘」の持ち主になると考え、村で暮らすことを必須にしました。国土の67％が森林である日本、山の仕事で新しい人を呼び込んで村を元気にできればと思います。

村の夏祭りで演奏する親子和太鼓紅組のメンバー。大半が森林組合のIターン者の家族

コラム
自伐型林業の広がりと就林支援

NPO法人自伐型林業推進協会事務局長　上垣喜寛

低コストで始められる自伐型林業

自伐型林業は、一定の山林を確保し、技術研修を受け、必要最低限の機械（バックホーや林内作業車、チェンソーなど）をそろえれば初心者から始められる。ハードルは低いが趣味的な活動というわけでなく、自伐を軸にした暮らしを成り立たせている若者たちも増えている。鳥取県智頭町の大谷訓大さんや、高知県四万十市の宮﨑聖さんもそのひとりだ。

自伐型林業のやり方は、山に高密な道を張りめぐらすところから始まる。幅2・5m以下の細い道さえ通っていれば、軽トラックなどで簡単に作業現場までたどり着き、その車両でたいしたコストもかけずに木を運び出して出荷までできる。一定面積の山林の伐採をくり返して山を転々とする林業事業体と違い、まかされた山林にはりついて最低限の伐採をする「択伐[*25]」に専念するため、作業後も山によい木が残り、同じ場所で翌年の収入も期待できる。

また、自伐型林業の魅力は、取り組む人たちの多様なライフスタイルにある。たとえば、愛媛県西予市の菊池俊一郎さんは、みかんの生産と自伐型林業を兼ねた「春夏農業・秋冬林業」を続けている。みかんの収入がよい年には、山を育てる仕事に専念し、不作の年には間伐を多めにする。林業を軸にすえることで、農業につきものの天候リスクを分散し、マイナス要素を吸収できる。専業にこだわらない、兼業による安定感あるライフスタイルを確立できるのが自伐の最大の魅力だ。

＊25 植林後40～50年で一斉に伐採する「皆伐」と対照的な考えで、伐期を自分で見極め、適量を抜き切りして更新をはかること。ドイツなどでは近年、択伐の一種である「将来木施業」といわれる伐採法が普及している。

予算ゼロからの自伐展開

NPO法人「自伐型林業推進協会」*26は、自伐型林業を始めようとする個人やグループ、自治体を支援しようと2014年に立ち上がった団体だ。事務局を担うメンバーは、高知県で自伐型林業という考え方を生み出した「土佐の森・救援隊」のメンバーたちに加えて、東京でジャーナリストとして活動していた者、NPOの経営者、大手企業で経験を積み海外でデザインを学んだ者、日本初のスポーツビジネスを立ち上げた経験がある者、公認会計士など、林業の枠にとらわれない多様なバックグラウンドをもつ者が集っている。3年間の支援活動の結果、全国で約70以上のグループが自伐型林業を事業として行い、500人以上の担い手が実際に収入を得始めている。なかでも高知県が最も多く、100人を超えている。担い手の育成をする指導者は9人まで拡大しているが、増加する研修の受講希望者に対応するため、指導者養成が急務となっているような状況だ。

「林業」と聞くと、あたかも人口が少ない山間地で広がっているように勘違いする人も多いかもしれないが、自伐型林業者を育てようとする自治体は意外なところから生まれている。まずは、静岡県熱海市だ。熱海といえば全国でも有数の温泉地帯であり、東京から1時間足らずで遊びにいける観光地。林業予算がまったくのゼロだったが、2016年度から自伐型林業の展開をスタートさせ、首都圏からの移住者を受け入れる新たな産業づくりの柱に自伐型林業を置いている。また、利根川の源流を抱え、カヌーや登山で観光客を集める群馬県みなかみ町も自伐展開を始めた。そこではスギ・ヒノキといった針葉樹にこだわらず、広葉樹を活かした担い手の就業づくりを計画しており、薪の流通システムの構築や家具メーカーとの協働も視野に入れている。両自治体の職員と話をすると、林業という視点だけでなく、山林を活かした生業をつくっていきたいという思いが伝わってくる。

自伐型林業推進協会が設立した頃には数えるほどだったが、自伐支援のために予算化した自治体

＊26 東京都新宿区に拠点を構える。自治体支援や若手育成のほか、広葉樹施業や相続税対策など12のプロジェクトを立ち上げ活動する。

は24（三つの県含む）にも広がっている（2016年11月30日現在）。国会議員による「自伐型林業普及推進議員連盟」も立ち上がった。

就林支援の形

自伐型林業に出会い、地方にIターンした人に聞くと、「環境保全や地域再生の社会的意義がある」に加え、「作業員ではなく経営者としてやっていけるのが自伐の魅力」という声が聞かれる。実際に自伐型林業は、伐採や搬出といった特定の作業をくり返すのでなく、まかされた山林の価値をいかに上げていくか、毎年収入を上げながら暮らしを成り立たせるか、工夫をこらしながら自分の頭で考える林業だ。

その魅力に惹かれて自伐型林業者を目指す人はあとを絶たないが、一人前になるためには技術研修会を開くなどそれなりのサポートが必要だ。日本の林業制度は支援対象として大規模な施業をする林業事業体や森林組合に偏っており、小規模の自伐型林業への支援はほとんどない。現時点で自伐を始めやすい環境が整っているのは高知県だろう。県がつくった「高知県小規模林業推進協議会」では、自伐型林業の技術習得に必要な研修のための講師派遣のほか、機械のレンタルや作業中の事故に備えた傷害総合保険加入にかかる費用の一部の補助を行なっている。

また、地方に縁もゆかりもないIターン者が取り組み始めるには、山林、住居、そして交通手段などの確保が課題となり、スタートのための資金も必要だ。移住者が新天地で自伐型林業に取り組むときに活用している「地域おこし協力隊」の制度は大変有効だが、自伐展開をしていない自治体ではそれもかなわない。

では、自治体に頼れない地域でどう展開していけばよいのか。その点で参考になるのはシマントモリモリ団の宮﨑聖さんと妻の直美さんの活動だろう。2016年の夏に東京のサラリーマン夫妻の移住の受け皿になった2人は、近隣集落を数軒まわって住む家がないかを聞き、行政の移住支援窓口にかけあい、夫妻の移住後には近所の挨拶まわりに同行した。その結果、移住後半年もたたないうちに、20haほどの山林を確保できそうな話が飛び込むまでになっている。20haといえば、林業を軸にしながら兼業スタイルで暮らしていくには十分な山林だ。移住、スキルアップ、そして山林の確保という理想的な流れ。夫妻がいよいよ自立・自営の自伐型林業へ歩み始められたのは、宮﨑さんたちのような受け皿が必要であることを証明している。

これからの自伐型林業

かつて50万人以上だった林業者の数は、とうとう5万人を割り、「林業は衰退産業」といわれても仕方のない状況だ。一方で、自伐型林業の動きは地域レベルでは確実に林業従事者を増やし始めている。全国の民間事業体や自治体が現場で成果を積み重ね横のつながりを築いていくことが、結果的には全国の小規模林業者が活動しやすい環境づくりにつながることだろう。

これから期待したいのは、農業や福祉など中山間地域の中核を担っている多分野の業種の林業参入だ。農林水産省によると現在でも約90万戸の農家が山林を所有しており（2010年世界農林業センサス）、戦後主流だった「農家林家」が再び増えれば、山林資源を活用した就業の場になり、山林価値の向上にもつながる。今年度から具体的に動き出した福祉の協業も見逃せない。千葉県香取市の社会福祉法人「福祉楽団」[*27]は、障がい者就労として自伐型林業の取り組みをスタートさせた。まだまだ自伐の展開は緒についたばかりだが、多様な分野からの自伐参入が中山間地域を盛り上げる活動になっていくだろう。

＊27
「福祉楽団」の栗源協働支援センター（就労継続支援A型施設）での取り組み。

付録

1 研修生、新規就農者が使える交付金

2 農政・農業団体にかかわる用語集

付録1 研修生、新規就農者が使える交付金

「研修生」とは？

本書のあちこちに出てきた「研修生」という言葉。確たる定義があるわけではない。大枠では、独立就農・雇用就農を目指して、先輩農家や農業大学校などで指導を受けながら知識や技能を学ぶ新規就農希望者のことを、総じてそう呼ぶようだ。研修先から給与があってもなくても「研修生」。

以前は、農家が個人的に、住み込みの研修生を無給インターンとして受け入れたり、JAや自治体が独自予算で新規就農者のための有料講座を開くのが主流だった。現在は、農業法人などが新たに従業員を雇用したときの教育費を補助する「農の雇用」を利用したり、研修生本人が所得を確保するために「青年就農給付金（準備型）」などの国の制度を利用することが多い。

また霜尾さん（72頁）のように愛農学園の生徒を1年間、無償で受け入れたり、飯野さん（14頁）のように就農希望者を5年以上雇用し、給与を払いながら教育するスタイルもある。

「青年就農給付金・準備型」「農の雇用」の研修生は、農地・機械をもてない？

農地を確保するには？

受け入れ農家や研修生に聞くと「研修生は原則、農地を借りたり買ったりできない」とのこと。しかし研修後に独立就農するためには農地が必須。「青年就農給付金・経営開始型」の要件にも「農地の所有権または利用権を有していること」とある。

農水省にたずねたところ「確かに研修中だからといって、せっかくいい農地があるのにみすみす逃してしまうのは理にかないません。就農に向けて用意することは大事」とのこと。そういうときはとりあえず確保せよということのようだが、問題はその農地で「営農行為」をするかどうからしい。「研修中に『自分の農地』でつくったものを『販売』すれば『営農』していると判断され、準備型の給付金がストップすることになりかねません」

しかし現実的には、将来借りるまで農地を放って荒らすわけにいかない。かといって、何かを植えれば自家用だけでは食べきれない。

そこで上野さん（31頁）の場合、研修生が借りられるカキ畑が見つかったので、当座は自分名義で借り、一緒に樹を管理、カキを販売している。研修後は名義変更する予定だ。農事組合法人サンファーム法養寺（115頁）では、組合が管理する農地の一部を研修生にまかせ、研修後は貸し出す計画にしている。

農事組合法人龍水みなみがた（121頁）では、農地取得に意欲のある研修生のために、80ａ余の水田を肩代わりで購入（約280万円）。今秋で研修が終わるので、その後は研修生が買い取る予定だ。

機械・設備費を準備するには？

機械などは、研修中でも買うのは自由だが、問題は確定申告する際に経費として計上できるかできないかだ。「青年就農給付金・準備型」の研修生の場合、研修中に生産したものを販売して利益を得ることは可能。その際の肥料やエサ代などの経費も計上できる。しかし、営農に関する機械・設備の購入費は原則ＮＧという。「草刈り機もダメだった」という人もいた。

これも農地についての考え方と同様、「就農を目指しているから機械は必要、ですが、なんでもかんでも買って計上してしまうと『農業を始めましたよね』と判断される。あくまで研修中は研修に専念していただきたい」というのが農水省の考えだ。ではたとえば、「準備型」の期間中に農機具をそろえ、就農してから開業資金として計上するのはどうなのだろうか？「どの項目に入れるかは税務署が判断するもの。農水省のほうからどこの項目に書け、といった指示はしない」とのこと。

また新品、中古にかかわらず、親の名前など別名義で購入し、就農後に買い取る、といった方法をとっている研修生もあるようだ。

ちなみに「経営開始型」を受給している就農者の場合は「もう一農家ですから計上できます」とのことだ。

「農の雇用」と「青年就農給付金」は両方使える

飯野さん（14頁）の研修生の場合、「農の雇用」で2年、その後3年ほど飯野さん宅で農業に従事し、現在は独立就農予定地で地元農家のもと、「準備型」を利用しながら研修中。将来はその地域で「経営開始型」を利用して就農する計画。

志穂ちゃん（120頁）の場合、「準備型」で農業大学校に通ったあと、農事組合法人サンファーム法養寺に「農の雇用」で雇用され、2年間の研修中。研修後は「経営開始型」を利用し、同集落で就農する計画。

付録

「青年就農給付金」「農の雇用」の概要と要件

	「青年就農給付金」事業 研修期間や就農直後の経営の所得を支援する		「農の雇用」事業 農業法人などが雇用した従業員への研修費を支援する
	準備型	経営開始型	
窓口	都道府県	市町村	各都道府県の農業会議所
給付対象	新規就農する本人（就農時、原則45歳未満）が受給		新規就農する人（原則45歳未満）を雇う農業法人などが受給
金額	年間150万円 最長2年間	年間最大150万円* 最長5年間	ひとりあたり、 年間最大120万円 最長2年間
おもな要件	・先進農家・農業法人、県の農業大学校などで研修を受け、独立・自営農、雇用就農を目指す人が対象。 ・研修先は過去に雇用契約をしたことがない経営体であること。研修中の給与はない。 ・研修終了後、1年以内に就農すること。さらに研修（原則2年以内）する場合はその研修後。 ・親元就農の場合は、研修後、5年以内に経営を継承するか共同経営者になること。 [DATA] ・2015年度は2477人が受給。うち新規採択者は1463人、非農家出身は63％。	・「人・農地プラン」に位置づけられた認定新規就農者（認定就農者）で、独立・自営農をしていること。市町村に青年等就農計画書を提出すること。 ・農地の所有権・利用権をもっている。半分以上が親族からの賃借の場合は5年以内に所有権を移転すること。 ・親元就農の場合は、5年以内に経営を継承するか、独立経営部門を立ち上げること。 [DATA] ・2015年度は1万1630人が受給。うち新規採択者は2593人、非農家出身は46％。	・正社員として雇用すること。 ・雇用主が「経営開始型」を受給中でないこと。就農希望者の就農・独立に向けて必要な研修ができること。 ・雇用した研修生が「準備型」で研修を受けた経営体と、同じでないこと。 ・研修生の農業就業経験が5年以内であること。 [DATA] ・2015年度は3382経営体が受給。うち農業法人70％、農家個人30％。 ・雇用就農者は5488人。うち、2014年度に新たに研修開始した人は3121人。

＊「経営開始型」の給付金額は変動制。
・前年の所得額（給付金を除く）により変動する。
・前年の所得100万円未満の場合→150万円、100万～350万円未満の場合→所得によって変動、350万円以上の場合→給付停止。
・2015年度以前からの受給者には変動制はなく、一律250万円以上で給付停止。
・夫婦とも受給対象の場合は、2人で1.5人分（最大225万円）。

付録２ 農政・農業団体にかかわる用語集

ここでは農政や農業組織にかかわる用語のなかで、本書でよく出てきたものを簡単に解説する。

背景としてひとつ押さえておきたいことは、農地や農家についての規定は耕作者主義の立場に立ち、農地が適切に管理され続けるよう自由に売買・賃借するのを規制してきたこと。その規制が近年緩和されつつあることだ。

そして今日の農政は、農家数が減少するなかで、効率的安定的な農業の「担い手」（専業農家や法人など）にいかに資金と農地を集約していくかという発想に立ち、交付金もそこに集中するようになっている。

実際には自治体の行政担当者も地域の農業リーダーもいろいろな考え方があり、柔軟に対応しているのだが、たとえば新規就農者に対する青年就農給付金も、そうした発想とリンクしていることは頭に入れておきたい。

農家、農業委員

農地法では、農地がきちんと耕作され続けるために、自由な売買や賃借を規制している。農地を取得する要件として①農地のすべてについて耕作の事業を行なうこと、②農地の取得後において必要な農作業に常時従事すること、③農業経営の状況、居住地から権利を取得する農地までの距離等からみて、その農地を効率的に利用することができると認められること、④農地の権利取得後の経営面積が下限面積（原則として都府県50ａ、北海道２ha）以上となることが挙げられる（第三条許可要件）。

つまりこれらを満たすのが農家となるための条件だが、親元就農ではない新規就農者の場合、先輩農家やＪＡなどの力を借りつつ、これらの条件を満たす必要がある。こうした条件は緩和されつつあり、経営面積の下限も市町村農業委員会が独自に定めてよいことになっている（たとえば長野県飯山市は２０１５年から農振農用地区域外農地について下限面積を２ａに引き下げた）。

付録

農業委員会は各市町村に設置され、農業者の代表である農業委員によって構成される。農地の権利移動についての許可や農地転用などの業務をつかさどる農業委員会は第三条許可についても権限をもっている。したがって、農業委員は新規就農者がまず最初にお世話になる役職といえる。

農業生産法人、農事組合法人、株式会社

農業生産法人（2016年4月より、「農地保有適格法人」と呼称変更）とは農地法上で「農地・採草放牧地の所有権と使用収益権を取得する資格のある法人」をいう。農地を使用する農業生産法人には農事組合法人など組合法人と株式会社などの会社法人がある。

任意の集落営農組織の場合、団体そのものが農地の権利を取得できないため、代表者名義で行なわれることになり、代表者に精神的にも経済的にも負担がかかる。法人として登記すれば、法人として遊休農地の利用促進や集団化などの農地の権利移動をともなう利用調整業務を行なうことができる。代表理事や代表取締役が死亡しても組合や会社は存続するので、社会的な信用度も高い。

従事分量配当

農事組合法人が組合員に支払う労働報酬には①従事分量配当と②確定給与支給の2種類の方法がある。このうち、従事分量配当は農作業の従事時間と従事内容によって、剰余金を配分するもので、年間の決算が確定したあと、その年度の農業経営により生じた剰余金に応じて支払われる。実務的には仮払いを年度内に支払っておいて、総会後に差額を支払う方式がとられることが多い。

認定農業者

農業経営改善計画を作成して市町村長の認定を受けた個人・法人。つまり行政が公的に「担い手」と認めた人や法人のこと。「効率的かつ安定的経営」を育成するという目的のもと、スーパーL資金を受けられるなどの特典がある。

スーパーL資金（農業経営基盤強化資金）

日本政策金融公庫が認定農業者に対して経営改善計画の達成のために必要な資金を融資するもの。①農地の取得や改良・造成、②施設や機械（食品加工や流通・販売のための施設も含む）、③果樹や家畜の購入（改良・育成費含む）、④その他の経営費（規模拡大や設備投資などにともなって必要となる原材料費、人件費）、⑤負債の整理（制度資金は除く）、⑥法人への出資金などが対象となる。ただし、経営改善資金計画を作成し、市町村を事務局とする特別融資制度推進会議の認定を受けた事業にかぎる。

利率は一般で０・10％、特例では０％（貸付実行日から５年後の応当日の前日まで）と超低金利である。

人・農地プラン

２０１２年民主党政権のもとで導入された農業政策。高齢化や担い手不足が心配されるなかで、５年後、10年後までに、誰がどのように農地を使って農業を進めるか、集落での話し合いに基づいて地域農業のマスタープランをまとめることになった。土地利用型農業（米、ムギ、ダイズなど）については農地集積をどう進めるかが焦点。国の目標は５年間のうちに平地で20～30 ha、中山間地域では10～20 haの規模で「地域の中心となる経営体」（専業農家、法人、集落営農など）に農地をまとめるというものだった。人・農地プランは青年就農給付金（経営開始型）とも一部リンクしており、受給の要件として「地域の中心となる経営体」として位置づけられる必要がある。

農地中間管理機構（農地集積バンク）

２０１４年度に全都道府県に設置された農地の中間的な受け皿のこと。担い手（法人経営、大規模家族経営、集落営農、企業など）への農地集積・集約化を図るため、農地所有者と農業経営者の間に立ち、農地の集団化、経営規模の拡大、新規参入を進める。

農業者大学校

農業経営の担い手を養成する中核的な機関として、全国42道府県に設置され、高卒程度を対象とする養成課程（２年間）、農業者大学校卒業者や短大程度を対象とする研究課程（１～２年）がある。このほかに新規就農を目指す人や、経営発展のためにスキルアップを目指す農業者を対象として、研修教育を行なっている。

このほか、新規就農者向けの研修教育を行なっている機関としては、鯉淵学園農業栄養専門学校、八ヶ岳中央農業実践大学校、日本農業経営大学校などがある。

シリーズ田園回帰

都市から農山村へ、若い子育て世代の移住が増え始めている。この田園回帰の動きを明らかにするとともに、農山村が受け皿としてふさわしい地域として磨きをかけるための組織や場づくり、新しい地域貢献・地域循環型の事業のあり方、それらを総合的にプラン化するビジョンと戦略づくりを示し、都市農山村共生社会を展望する。

協力
全国町村会

編集顧問
大森彌　東京大学名誉教授

編集委員
小田切徳美　明治大学農学部教授
沼尾波子　日本大学経済学部教授
藤山浩　島根県中山間地域研究センター研究統括監・島根県立大学連携大学院教授
松永桂子　大阪市立大学大学院創造都市研究科准教授
（50音順）

執筆者（執筆順、農文協編集部を除く）

第０章

鴫谷 幸彦　しぎたに・さちひこ
１９７７年、千葉県生まれ。２０１４年より新潟県上越市で「たましぎ農園」経営。

第１章

上野 真司　うえの・しんじ
１９７６年、東京都生まれ。２００５年に長野県飯田市にて就農。

土肥 寛幸　どひ・ひろゆき
１９６４年、東京都生まれ。２００４年に長野県松本市にて新規就農。

第２章

木村 和雄　きむら・かずお
１９４７年、兵庫県姫路市生まれ。酪農家。１９８３年、北海道枝幸町に入植。

山口 俊樹　やまぐち・としき
１９７８年、神奈川県生まれ。２０１１年に群馬県藤岡市にて新規就農。

浦部 真弓　うらべ・まゆみ
群馬県藤岡市在住。有限会社古代米浦部農園経営。

第３章

上田 栄一　うえだ・えいいち
滋賀県甲良町在住。農事組合法人サンファーム法養寺。

塚田 浩一郎　つかだ・こういちろう
新潟県上越市在住。農事組合法人龍水みなみがた。

第４章

柴山 進　しばやま・すすむ
茨城県石岡市在住。ＪＡやさと勤務を経て、現在、ＮＰＯ法人アグリやさと代表。

松山 秀人　まつやま・ひでと
宮崎県宮崎市在住。有限会社ジェイエイファームみやざき中央専務取締役。

第５章

渡辺 菊　わたなべ・きく
１９６９年、神戸市生まれ。２０１１年、長野県千曲市で地元農家のワイン用ブドウ畑を引き継ぐ。

湯浅 優子　ゆあさ・ゆうこ
１９５０年、東京都出身（長崎県生まれ）。１９７４年に北海道へ移住。スローフードフレンズ北海道リーダー。

持田 隆之　もちだ・たかゆき
１９７２年、島根県生まれ。島根県農林水産部農業経営課担い手育成第二グループ。

第６章

大谷 訓大　おおたに・くにひろ
１９８２年、鳥取県智頭町生まれ。Ｕターンして２０１０年から林業・稲作を経営。株式会社皐月屋代表、「智頭ノ森ノ学ビ舎」代表。

宮崎 聖　みやざき・せい
１９７８年、高知県四万十市生まれ。「シマントモリモリ団」団長。

森 仁　もり・まさし
１９７６年、高知県佐川町生まれ。高知県佐川町産業建設課・自伐型林業推進係。

飯野 実　いいの・みのる
１９６４年、群馬県生まれ。２０００年に上野村の隣の旧中里村（現神流町）に移住。上野村森林組合業務課勤務。

中井 龍彦　なかい・たつひこ
１９５３年、奈良県黒滝村生まれ。黒滝村森林組合副組合長。

［コラム執筆］（執筆順）

江川 章　えがわ・あきら

中央大学経済学部准教授。１９６８年、長崎県生まれ。九州大学大学院農学研究科農政経済学専攻博士後期課程中退。博士（農学）。農林水産省農林水産政策研究所、株式会社農林中金総合研究所などを経て現職。専門は農業経済学。新規就農者の確保・育成方策が研究テーマ。著書『新規就農を支える地域の実践』（農林統計出版、２０１４年、共著）など。

相川 陽一　あいかわ・よういち

長野大学環境ツーリズム学部准教授。島根県中山間地域研究センター客員研究員。１９７７年、千葉県生まれ。一橋大学大学院社会学研究科博士後期課程単位修得退学。修士（社会学）。専門は地域社会学、農村社会学、社会運動論。著書『開発の時間　開発の空間』（東京大学出版会、２００６年、共著）、『地域再生のフロンティア』（農山漁村文化協会、２０１３年、共著）、『食と農の社会学』（ミネルヴァ書房、２０１４年、共著）、『村落社会研究　現代社会は「山」との関係を取り戻せるか』（農山漁村文化協会、２０１６年、共著）など。

内山 智裕　うちやま・ともひろ

東京農業大学国際食料情報学部教授。１９７２年、東京都生まれ。東京大学農学生命科学研究科農業・資源経済学専攻博士課程修了。博士（農学）。三重大学生物資源学研究科准教授などを経て現職。専門は農業経済学・経営学。国内外の家族経営や農業人材育成システム、アグリビジネスなどが研究テーマ。著書『農業経営の規模と企業形態―農業経営における基本問題』（農林統計出版、２０１４年、共編著）など。

和泉 真理　いずみ・まり

一般社団法人ＪＣ総研客員研究員。１９６０年、東京都生まれ。東北大学農学部卒業。英国オックスフォード大学修士課程修了。農林水産省勤務を経て現職。研究分野はヨーロッパ農業・農政、人づくり、食品流通と消費。著書『農業の新人革命』（農山漁村文化協会、２０１２年、共著）など。

上垣 喜寛　うえがき・よしひろ

ＮＰＯ法人自伐型林業推進協会事務局長。フリー編集記者、映像制作者。１９８３年、大阪府生まれ。早稲田大学教育学部卒業。メーカー勤務後、２００８年からフリーに。中山間地域の暮らしをテーマに取材する。著書『震災以降』（三一書房、２０１４年、共著）、『深海でサンドイッチ』（こぶし書房、２０１５年、共著）など。映画『自由貿易に抗う人々』（２０１６年）を監督。

シリーズ　田園回帰6

新規就農・就林への道

担い手が育つノウハウと支援

2017年1月25日　第1刷発行

編　者……………『季刊地域』編集部

発行所……………一般社団法人　農山漁村文化協会
〒107-8668　東京都港区赤坂7-6-1
電話＝03(3585)1141(営業)
03(3585)1145(編集)
FAX＝03(3585)3668
振替＝00120-3-144478
URL＝http://www.ruralnet.or.jp/

ISBN978-4-540-16113-1 〈検印廃止〉

造本・DTP……島津デザイン事務所
印刷・製本………凸版印刷㈱

定価はカバーに表示
乱丁・落丁本はお取り替えいたします。

series

田園回帰

本物の「地方創生」ここにあり！
時代はじっくりゆっくり
「都市農山村共生社会」に向かっている

シリーズ田園回帰　全8巻

A5判並製　平均224頁　各巻2200円＋税　セット価　17600円＋税

1 藤山浩著　**田園回帰1％戦略**　―地元に人と仕事を取り戻す

自治体消滅の危機が叫ばれているが、毎年人口の1％分定住者を増やせば地域は安定的に持続できる。人口取戻しビジョンに対応した所得の取戻し戦略と新たな循環型の社会システムを提案。

2 『季刊地域』編集部編　総力取材　**人口減少に立ち向かう市町村**

I・Uターンを多く迎え入れている地域、地元出身者との連携を強めている地域など、全国の田園回帰のフロンティア市町村を取材。自治体の政策と地域住民の動きの両面から掘り下げる。

3 小田切徳美・筒井一伸編著　**田園回帰の過去・現在・未来**　―移住者と創る新しい農山村

農山村への移住のさまざまなハードル――仕事、家、地域とのお付き合いを先発地域はどのように乗り越えたのか。また、現在の「地域おこし協力隊」の若者は、どう対応しているのか。

4 沼尾波子編著　**交響する都市と農山村**　―対流型社会が生まれる

都市と農山村の暮らしのいまをとらえ、それぞれの課題を浮き彫りにするとともに、これからの時代を切り拓く新たな都市・農山村の交響する関係にふれながら、田園回帰の意義について考察する。

❺ 松永桂子・尾野寛明編著

ローカルに生きる　ソーシャルに働く

—新しい仕事を創る若者たち

地域をベースに活動するソーシャル志向の高い若い世代のライフスタイルと実践から、新たな共助の意識が地域に根づきつつあることを示す。

❻ 『季刊地域』編集部編

新規就農・就林への道

—担い手が育つノウハウと支援

第三者継承、集落営農や法人への雇用など、多様化する新規就農・就林の形。農林業とともに地域の担い手となる人材を育てるポイントを、里親体験などから明らかにする。

❼ 佐藤一子著

地域文化が若者を育てる

—民俗・芸能・食文化のまちづくり

遠野の昔話、飯田の人形劇、庄内の食…それぞれの地域文化の継承と創造の過程で子供や若者がどう育ちあっているかを描きだし、田園回帰への示唆を汲みとる。

❽ 大森彌・小田切徳美・藤山浩編著

世界に学ぶ田園回帰

英国、フランス、ドイツ、イタリア、韓国など、世界に広がる脱都市化の動き。その実態をふまえ、日本の田園回帰と都市と農村のパートナーシップにとっての教訓を抽出する。

第8巻のタイトルは仮題です。